GUSTAV SICHELSCHMIDT

DEUTSCHLAND –
eine amerikanische Provinz

Der große Seelenmord

VGB-VERLAGSGESELLSCHAFT BERG

ISBN 386 118 056 1

© VGB-Verlagsgesellschaft, 82328 Berg

Satz: A. Paclik, Seeshaupt
Gedruckt in Deutschland

Inhaltsverzeichnis

500 Jahre nach Kolumbus

Im Zuge des Bankrotts des real existierenden Sozialismus gerät der noch überlebende Amerikanismus als gravierende Gefahr für alle noch um ihr elementares Lebensrecht besorgten nationalen Kulturen immer mehr ins Schußfeld des allgemeinen Interesses. Man zeigt sich geradezu alarmiert von der dynamisch fortschreitenden Amerikanisierung der Welt. Allerdings hat sich bisher noch keine geschlossene Weltallianz zusammengefunden, um den "American way of life", der die Identität der Völker existentiell bedroht, mit dem Mute der Verzweiflung abzublocken. Man kann ihn einfach nicht mehr gleichmütig zur Kenntnis nehmen, nachdem sich herausgestellt hat, wie sehr diese demoralisierende Lebensform die kulturellen Strukturen der Völker aufweicht und zersetzt und diese in eine Art von Hörigkeit zwingt, die sie in der Regel tief unter ihr bisheriges Niveau herabdrückt. Das Ende vom Lied ist dann jener große Seelenmord, den die "häßlichen Amerikaner" kaltblütig an alten Kulturvölkern vollziehen, als handele es sich dabei um die Rache der letzten Schulbank.

Die amerikanische Wallstreet-Mentalität und die primitive Doktrin des schnellen Geldes, die an Zynismus von nichts zu übertreffen ist, hat vor allem in Deutschland naive Bewunderer gefunden, Pragmatiker allesamt, die merklich von den zu Buche schlagenden materiellen Erfolgen dieses Systems losgelassener Egozentrik überzeugt sind. Vor allem mit Hilfe des Fernsehens und durch eine gezielte Hollywoodisierung der ratlosen Massen ist es in relativ kurzer Zeit gelungen, die Seelenachse der Deutschen, hoffentlich nicht irreversibel, zu verbiegen.

Man hat es daher heute bereits vor allem in der jungen Generation mit potentiellen Amis zu tun, die förmlich aus ihrer deutschen Identität fliehen, nachdem man ihnen in den deutschen Lehranstalten mit durchschlagendem Erfolg alles, was das Attribut deutsch für sich beansprucht, nach Strich und Faden miesgemacht hat.

Was sich uns heute bei einer Sondierung der Bevölkerungsstrukturen darbietet, ist ein bis zum Helotentum heruntergewirtschaftetes Volk, das sich bereits eines deutsch-amerikanischen Mischidioms bedient, um sich überhaupt noch artikulieren zu können. Kein Wunder übrigens, denn 90 Prozent der Filme, die deutschen Gemütern zugemutet werden, liefert uns die ominöse Hollywooder Filmfabrik, die Neuerscheinungen deutscher Verlage tragen vorwiegend nur noch amerikanische Verfassernamen, und der deutsche Rundfunk, der einmal dem kaum noch nachvollziehbaren Ehrgeiz frönte, deutscher Kultur auf die Sprünge zu helfen, scheint sich darauf kapriziert zu haben, mit einer blödsinnigen Ausschließlichkeit nur noch nervtötende amerikanische Popmusik in deutsche Wohnküchen auszustrahlen. Die "Pop-Kultur", so hat es jedenfalls den Anschein, hat inzwischen die deutsche Unterhaltungsmusik aus dem Rennen geworfen, und die "Musicals" wirken offenbar auf unbedarfte deutsche Normalverbraucher der Kulturindustrie nicht gerade allergisch, während die subventionierten Opernhäuser immer mehr aus dem Bewußtseinshorizont des Publikums entschwinden. Offenbar war die Decke deutscher Kulturträger eben doch nicht tragend genug, um erfolgreichen Widerstand gegenüber dieser Invasion des afro-amerikanischen Dschungels leisten zu können. Man hat sich widerstandslos einer unansehnlichen und uniformen Weltzivilisation verschrieben, zu deren geistiger Bewältigung man nicht sonderlich viel Grips zu investieren braucht.

Schon Friedrich Nietzsche hatte seine Deutschen beschworen, die Ohren vor dem "erbarmungswürdigen Geschwätz amerikanischer Wirr- und Flachköpfe" zu verschließen und die "ungeheure Häßlichkeit des amerikanischen Lebens" so bald wie möglich abzuwehren. Heute kann man, weit über Nietzsche hinausgreifend, nur noch an die bescheidenen Reste des Selbsterhaltungswillens derjenigen Deutschen appellieren, die überhaupt noch die deutsche Fahne hochhalten und das Verdikt der Deutschtümelei mit Gelassenheit wegstecken.

Wir entmündigten und geistig kastrierten Deutschen sind gleich nach Kriegsende im Verlauf einer totalitären Westintegration, die unsere Bonner Rheinbündler im reaktionären Windschatten des alten Separatisten Adenauer gar nicht schnell genug durchziehen konnten, in den Sog eines Amerikanismus geraten, dessen seelenmordende Aura man damals offenbar noch nicht wittern konnte.

Coca-Cola und Ketchup, Fast-food und MacDonald, Jeans und Rock'n Roll, Hollywood und Dallas, Micky Mouse und Bunnies waren die ersten Vorzeigeobjekte eines allgemeinen Nivellements, dem wir uns immer weniger entziehen konnten. Inzwischen hat sich unter der Hand unser Land in eine mehr oder weniger blühende amerikanische Provinz verwandelt, nachdem die Deutschen dezidiert gegen den Geist des deutschen Idealismus und dafür um so bereitwilliger für einen vulgären bis unmenschlichen Kapitalismus optiert haben. Sie haben teuer dafür bezahlen müssen, und nach menschlichem Ermessen dürften es schon geradezu apokalyptische Zustände sein, die uns noch ins Haus stehen. Gleichwohl haben wir es im Vollzug der schleichenden Amerikanisierung kaum mitbekommen, daß die Monroe-Doktrin "Amerika den Amerikanern" klammheimlich uminterpretiert wurden, und daß die Parole unserer Besatzer "Europa den Amerikanern" eine niederschmetternde Wirklichkeit geworden ist, die unsere braven deutschen Hinterwäldler bisher allerdings noch nicht auf die Palme gebracht hat. Man muß ihnen wahrscheinlich schon mildernde Umstände zubilligen; offenbar waren sie nach Kriegs- und Hungerzeiten für dergleichen Identitätsverluste geradezu disponiert.

Immerhin sind wir den anderen Europäern, die entschieden mehr nationalen Korpsgeist als wir aufzubieten haben, ein gutes Stück auf dem Weg in eine amerikanisch verwaltete Provinz voraus. Der über Jahrzehnte nun schon an uns vollzogene Umerziehungsprozeß zeitigte das klägliche Resultat, daß kaum einer in der Praktizierung des "American way of life" uns auch nur annähernd die Waage halten kann. Ein Kompliment also an alle Umerzieher, deren Methoden so überaus erfolgreich gegriffen haben!

Vor Jahren bereits erfand ein cleverer Deutscher eine einleuchtende Metapher für das eingefahrene deutsch-amerikanische Verhältnis. Er meinte nämlich, wir säßen allesamt in einem von der D-Zug-Lokomotive USA ge-

10

zogenen Eisenbahnwagen. "Von allen europäischen Waggons ist unserer der vorderste", äußerte sich dieser noch nicht völlig um sein Urteilsvermögen gebrachte Nachkriegsdeutsche. "Wir sind Amerikas liebstes Kind. Was wir sind und wie wir sind, verdanken wir ihm. Wir inhalieren seinen Atem zu jeder Stunde und wo wir gehen und stehen, ja, wir leben geradezu wie von Mund-zu-Mund-Atmung. Seit dreißig Jahren wachen wir mit Amerika auf und gehen mit Amerika zu Bett. Es liegt mit der Zeitung auf unserem Frühstückstisch und ist das letzte Bild, das vom Fernsehen strahlt. Es war zuerst unser Bezwinger, dann unser Richter und Henker, dann unser Umerzieher, unser Sittenpapst, unser Evangelist."

Während des sogenannten Golfkrieges sank dann allerdings die künstlich überhöhte Temperatur unserer Amerika-Euphorie merklich bis zum Nullpunkt herab, obwohl angesichts der verhängten totalen Zensur das ganze Ausmaß an Heuchelei und Gewalttätigkeit gar nicht erst ins Bewußtsein der Weltöffentlichkeit drang. Diese unappetitliche Show unter Ausschluß der Öffentlichkeit, übrigens nur eine der 25, die uns das Pentagon nach Kriegsende natürlich im Interesse der Menschlichkeit zugemutet hatte, wurde von den Washingtoner Machthabern offenbar nur als "a nice little war" eingestuft, obwohl mindestens 250.000 Iraker bei dieser Gelegenheit ins Gras beißen mußten.

Worum handelte es sich da denn eigentlich noch? Ein merklich an Profilneurose leidender amerikanischer Präsident mußte vor einer anstehenden Wahl unbedingt sein angeschlagenes Image ein wenig aufmöbeln. Amerikaner reagieren bekanntlich auf nichts so spontan wie auf die Imponierpose eines dazu noch siegreichen Kriegsherren, der ihre traumatischen Minderwertigkeitskomplexe ein wenig zu kompensieren in der Lage ist.

Nach der schmerzenden Schlappe in Vietnam, wo die kaltschnäuzige amerikanische Arroganz ein paar gezielte Fußtritte einstecken mußte, lechzte man förmlich nach einem Krieg, dessen fragwürdigen Ausgang man dann in einen triumphalen Sieg mit obligatorischem Konfettiregen auf New Yorks Avenuen uminterpretieren konnte. Zwar hatte man dem zum Politmonster hochstilisierten Diktator Saddam Hussein kein Haar krümmen können, und auch die kuweitischen Ölquellen mußte man zähneknirschend den alles andere als demokratischen Ölscheichs überlassen. Immerhin bekamen die Israeli sogar ein paar gut plazierte Raketen ins Haus geliefert, was den deutschen Außenminister zu einem Blitzbesuch in Tel Aviv ermunterte, wo er auf unser aller Kosten seinen obligatorischen Scheck ablieferte.

Nach den pompösen New Yorker Siegesfeiern konnte man damit rechnen, daß die aufgebrachte Weltöffentlichkeit die Scheußlichkeiten der amerikanischen Strategen, die den Krieg risikolos aus der Luft führten, wieder vergessen würde. Die manipulierte veröffentlichte Meinung läßt es einfach nicht zu, daß auf die vermeintlich schneeweiße Weste der Amerikaner auch nur ein Staubkörnchen fällt.

Immerhin hatten in der arabischen Wüste die Yankees ihrem Ruf als dem wohl gewalttätigsten Volk der Weltgeschichte alle Ehre gemacht. Wieder einmal hatten sie sich in einer brisanten Weltregion, in der sie partout nichts zu suchen hatten, die Rolle eines Weltpolizisten angemaßt, immer in der Hoffnung, den Zugang zu den ergiebigen Ölquellen in Kuweit zu erlangen. Jüngst holten sich die GIs der Amerikaner in Somalia bei einer dilettantisch durchgeführten "Humanisierungsexpedition" blutige Nasen, die sie weiß Gott auch verdient hatten. Sie können es sich nun einmal nicht verkneifen, ihre rüden Cowboyallüren aller Welt vorzuführen. Kein Wunder, daß sie mit der gleichen Hemdsärmeligkeit in der Politik laufend Porzellan zerschlagen. Über die Kampfmoral der amerikanischen Soldaten sollte man sowieso dezent den Mantel des Schweigens breiten.

Einige Unglaublichkeiten, die eindeutig die amerikanische Handschrift vertraten, sind trotz aller Zensurmaßnahmen in die Annalen der Geschichte eingegangen. Unvergeßlich zum Beispiel die Unverfrorenheit des Planes, den irakischen Präsidenten, eben noch bester Verbündeter der Yankees im Krieg gegen den Iran, gemeinsam mit dem auf diesem heiklen Gebiet besonders versierten und vor nichts zurückschreckenden israelischen Geheimdienst zu killen.

Man entsinnt sich ferner, wie die Israeli schon bei dem Gedanken in gesteigerte Emotionen gerieten, die USA würden ihnen bei der Ausübung ihrer rigorosen Raubpolitik den Arabern gegenüber den Rücken freihalten.

Die doppelte Moral, die keinerlei Skrupel empfand, dem verbündeten Aggressor keineswegs empfindlich auf die Finger zu klopfen und ihn zur Räson zu bringen, sondern noch mit erheblichen Subsidien aus dem ohnehin defizitären amerikanischen Haushalt seinen Aggressionstrieb anzuheizen, gehört allerdings zu den Gipfelleistungen angelsächsischer Heuchelei, die für einen gestandenen Mitteleuropäer immer noch eine schwer zu ertragende Provokation darstellt.

Nach dergleichen entlarvenden Charakterproben hätten wir Deutsche allen Grund, uns endlich einmal ernsthafte Gedanken über unseren mächtigsten Verbündeten und Lehrmeister in Bezug auf einen astreinen Pragmatismus zu machen. Nach Ermittlung der neuesten Krankheitssymptome dieses hart angeschlagenen Giganten stellt sich die Frage von selbst, ob er sich nicht schon recht bald aus der Geschichte verabschieden wird und seine Fahnen, die er natürlich im Zeichen der Menschenrechte überall in der Welt aufgepflanzt hat, einziehen muß. Der Länder verschlingende Moloch signalisiert erhebliche Schwäche und wird über kurz oder lang gezwungen sein, das amerikanische Jahrhundert abzublasen.

Wenn man den Experten der Yale-Universität trauen kann, geht er auch ökonomisch demnächst baden und hat angesichts der horrenden Staatsverschuldung den Staatsbankerott zu erklären. In absehbarer Zeit schon rechnen die Wirtschaftsprofessoren damit, daß allein japanische und deutsche Firmen über mehr als ein Drittel der amerikanischen Industrie verfügen werden. Alles deutet jedenfalls darauf hin, daß dieses Land, dessen Führung sich trotz aller Nasenstüber noch für auserwählt und von Gott berufen hält, in der Geschichtslosigkeit verschwinden wird. Man möchte, alles in allem, Kolumbus nicht verzeihen, daß er diesen unruhigen und gesetzlosen Kontinent vor 500 Jahren nicht unentdeckt ließ. Er hätte den friedlichen Menschen auf diesem Globus, die es offenbar auch noch gibt, damit viel Ärger erspart.

Die Geschichte tritt den Beweis dafür an, daß Nationen, die nicht mit ihren politischen und sozialen Problemen zurande kommen, sondern sie vielmehr lustlos vor sich herschieben, kein langer Lebensatem mehr zuzumessen ist. Die Unfähigkeit, mit der Zeit Schritt zu halten und die vorhandenen Kräfte auf Wesentliches zu konzentrieren, hat das Schicksal von Großmächten oft genug besiegelt. Der imperialistische Expansionsdrang der ersten Pioniere wird ihren weniger vitalen Nachfahren nun zum Verhängnis. Die Überdehnung der vorhandenen Möglichkeiten ist ein öffentliches Ärgernis und deutet schon die kommende Katastrophe an. Niemand wird sie verhindern können, auch Präsidenten nicht, die nicht einmal das Beharrungsvermögen aufbringen, sich mit dem horrenden Haushaltsdefizit herumzuschlagen.

Schlechte Aussichten demnach für ein Land der einstmals unbegrenzten Möglichkeiten, zu dem blauäugige deutsche Politiker immer noch verzückten Auges als willenlose Marionetten der westlichen Führungsmacht emporschauen! Die Frage ist bloß, ob dieses Land der unerschöpflich erscheinenden Ressourcen überhaupt noch über entsprechende menschliche Reserven verfügt, den schleichenden Verfall doch noch abzufangen und seine derzeitige Monopolstellung als hochgerüstete Weltmacht weiterzuspielen, oder ob Clemenceau am Ende doch so unrecht nicht hatte, wenn ihm einfiel, Amerika habe ja recht eigentlich den direkten Weg von der Barbarei in die Dekadenz ohne den Umweg über die Kultur vollzogen.

Machen wir uns doch nichts weis: Nach allen greifbaren Indizien wandeln die Amerikaner schon auf den ausgetretenen Pfaden des alten, verfaulenden Rom. Obwohl die Spuren des Verfalls manifest sind, bedient man sich in Washington der urdemokratischen Taktik des Verschleierns unpopulärer Tatsachen. Alles das deutet nicht gerade auf aufsteigende Tendenzen eines Landes hin, das durch seine Raubzüge, die Hollywood in seinen Western unerträglich verkitscht hat, in die Geschichte eintrat und nun durch eine nicht mehr zu kontrollierende Kriminalität seinen Abgang vorbereitet. Seine Verbrechen sind nicht mit salbungsvollen Worten aus der Welt zu schaffen. Geblieben ist von dem widerlichen Genozid an den Indianern am Ende nur eine haarsträubende Gewalttätigkeit, die alle Neugierigen eigentlich warnen sollte, auch auf den Spuren des "American way of life" zu wandeln.

Das einmal sicher vorhandene amerikanische Charisma ist längst verpufft. Die Glorie des Landes hat sich in lauter Luft aufgelöst. Nur Zeitgenossen, die sich mit Lucky Strike, Ketchup, Coca Cola, Pop und Rock die Bedürfnisse ihres geistigen Haushalts befriedigen lassen, können noch einen Narren an diesem Land gefressen haben und sind für keine noch so überzeugenden Argumente für die Brüchigkeit der USA zugänglich. Sie sind Opfer des amerikanischen Messianismus geworden, dem man im Interesse des Weltfriedens gehörig die Flügel stutzen sollte, um der Weltpolitik wieder ein Air von Normalität zu verleihen.

Nachdem die Ost-West-Polarität einem amerikanischen Machtmonopol gewichen ist und die Sowjetunion als Feindbild ausfällt, um bei führenden Amerikanern

wieder einmal Kreuzzugsgelüste und damit die Initial-
zündung für einen Dritten Weltkrieg auszulösen, haben
sich die Amis auf die Suche nach neuen Gegnern begeben, ohne die sie offenbar ihren geschichtlichen Auftrag
verfehlen würden. Dieser alles verschlingende Moloch,
den die Menschheit nun wirklich nicht verdient hätte,
stellt längst ein globales Sicherheitsrisiko dar.

Das "einzigartige Volk", dem der Moby-Dick-Dichter
Herman Melville in typisch parvenühafter Hybris die
Krone unter den Völkern reichen wollte, hat immer
schon erhebliche Schönheitsfehler aufzuweisen gehabt,
nur daß man diese mit einer vergröberten Form des kaum
übertragbaren englischen Cant, einer von anderen Völkern so nie erreichten Spielart von Heuchelei, zu kaschieren verstand. Heute sieht man den lächelnden Kannibalismus dieses Landes und seiner Menschen, von denen
uns gottlob ein ganzer Ozean trennt, ohne jeden euphe-
mistischen Dekor, und man erschrickt in sich. Seit der
blutrünstigen Episode des "Wüstensturms" im Irak ist
man sich weltweit darüber uneins, ob man die dabei
zutage geförderte Barbarei oder aber die abgrundtiefe
Heuchelei am meisten der Verachtung der Welt auslie-
fern soll.

Vor dem Aggressionstrieb der Amerikaner hatte bereits der deutsche Philosoph Hegel gewarnt, der sich
darüber im klaren war, sie würden eines Tages ihre
unverbrauchte Vitalität gegen Europa wenden, sobald sie
am Stillen Ozean die natürlichen Grenzen ihrer Landnah-
me erreicht hätten. Hegel malte zwar kein Schreckens-
szenario an europäische Wände, aber er zeigte sich
davon fest überzeugt, der alte Kontinent müßte mächtig

in die Bredouille geraten, sobald die Amerikaner ihren Fuß auf unseren Boden setzen würden. Er befürchtete geradezu zwanghafte Anpassungsrituale desorientierter Europäer an amerikanische Verhaltensmuster, die er nicht gerade für die nachahmenswertesten hielt. Seitdem vertraten die europäischen Nationalisten nicht nur einen moderaten Antisemitismus, sondern auch einen dezidierten Antiamerikanismus, der sich instinktiv gegen die Infiltration amerikanischen Ungeistes richtete. Während Engländer und Franzosen in den beiden Weltkriegen den Amerikanern als Bundesgenossen den Weg nach Europa bahnten, hielten die Deutschen ihre Knochen dafür hin, die sowjetische Dampfwalze auf ihrem Weg zur Atlantikküste aufzuhalten. Man hat es ihnen schlecht gelohnt.

Das heulende Elend dieses Kontinents begann eigentlich an dem Tag, als amerikanische GIs in Sizilien landeten und der Mafia den Weg bereiteten. Das Verbrechen erhielt damit wieder seine eigentliche Legitimation. Heute sind wir nicht mehr weit davon entfernt, daß sich etwa Goethes Vaterstadt in ein Kriegsgebiet verwandeln könnte, in dem mafiose Killerbanden das Gesetz des Handelns diktieren. Noch hat es die alte Kaiserstadt nicht so weit gebracht wie etwa Los Angeles, wo an einem Wochenende durchschnittlich 14 Morde passieren. In dieser Hinsicht haben wir wie übrigens auch auf dem Gebiet der Regierungskriminalität, ebenfalls aus den USA importiert, wohl noch einen gewissen Nachholbedarf.

Alles in allem waren wir mit Abstand die gelehrigsten Schüler der Amis, ohne deswegen mit einem besonderen Sympathiebonus belohnt worden zu sein. Wir stehen nach wie vor auf der Abschußliste dieser Nation mit Killerinstinkten gleich vorne an. Nur hat man unsere Exekution erst noch einmal vertagt. Offenbar hat man immer noch sein Mütchen an den Erben des Arminius zu kühlen, der die Einbeziehung Deutschlands in ein gesamtes Europa verhindert hat. Dabei kann man den Internationalisten aus der Schule des Separatisten Adenauer nicht nachsagen, sie hätten nicht ihr Bestes versucht, diesen Irrtum der Geschichte zu korrigieren.

Inzwischen hat die desolate Verfassung der USA Schlagzeilen gemacht. Gleichwohl zeitigte die Amerikanisierung der Welt immer noch beängstigende Fortschritte. Die Bundesrepublik Deutschland, die sich in der amerikanischen Provinz gleichen Namens komfortabel eingerichtet hat, ergibt sich fatalistisch ihrem Schicksal. Die Eingeborenen dieser Kolonie tanzen längst nach den Flöten ihrer Herren und Meister und fühlen sich nicht einmal so übel dabei. Offenbar haben sie sich schneller als erwartet mit dem Gesetz des Wilden Westens arrangiert und nichts dagegen einzuwenden, daß sich unsere Städte in mafiose Höllen verwandeln. Ein Helotenvolk mit verwischtem geistigen Profil und einer total verfilzten politischen Kaste von Glücksrittern hat sich häuslich in einer amerikanischen Provinz eingerichtet. Es hat seine Selbstpreisgabe sogar soweit getrieben, daß es ihm immer schwerer fällt, sich in seiner Muttersprache noch verständlich auszudrücken.

Vor allem unser hoffnungsvoller Nachwuchs mausert sich zunehmend zu waschechten Yankees. Er kennt sich inzwischen in den primitiven amerikanischen Verhältnissen besser aus als in unseren deutschen Traditionen, die man ihnen gründlich vermiest hat. Die deutschen Schulen scheinen den ihnen noch verbliebenen Lebenssinn darin zu erblicken, alles Deutsche zu diffamieren und zu diskriminieren. Und doch sind die Opfer einer Umerziehung an Haupt und Gliedern, denen man ihr natürliches Nationalgefühl amputiert hat, ihrer Sache gar nicht einmal so sicher. Viele ahnen schon untergründig, daß mit dem Kollaps der Neuen Welt auch unser altes Europa in seinen Grundfesten wanken und schließlich ein Fiasko unvorstellbaren Ausmaßes erleben könnte. Hoffentlich wird ihnen dann in einer Art Torschlußpanik die Stunde der Selbstfindung und nationalen Wiedergeburt schlagen. Es ist nämlich nicht einzusehen, warum die Amerikanisierung unseres Landes das letzte Kapitel seiner Geschichte sein sollte. Die bestens bekannten und gefürchteten deutschen Pendelschläge haben schon oft in der Geschichte, die bekanntlich Überraschungen liebt, für blaue Wunder gesorgt und unsere Umwelt in ein ungläubiges Staunen versetzt. Sie werden auch weiterhin reichlich Stoff zum Stricken neuer deutscher Legenden liefern.

Ein Blick zurück

Die geradezu plakative Seelenlosigkeit Amerikas war schon ein Thema, das aufhorchen ließ, als sich im deutschen Vormärz jährlich bis zu 150.000 Auswanderer aus Deutschland auf den Weg machten, um im Land der vielgepriesenen demokratischen Freiheiten das Glück herauszufordern, das sie augenscheinlich daheim nicht gerade verwöhnt hatte. Wer konnte schon ahnen, daß die Amis mit ihren reichlich dick aufgetragenen Freiheitsparolen so etwas wie einen Etikettenschwindel betrieben? Man war damals schon so naiv-anmaßend, sich der staunenden Umwelt selbst als "Gottes eigenes Land" zu empfehlen. Diese nicht gerade bescheidene Selbsteinschätzung zeugte nicht für ein realistisches Augenmaß und schon gar nicht für die richtige Einsicht in die Grenzen ihrer unterentwickelten moralischen Ausstattung. Sicherlich verstand man sich schon damals in den Staaten auf die anrüchige Kunst, sich ins rechte Licht zu rücken. Skrupel besaß man jedenfalls nicht, und sobald sie sich einstellen wollten, wurden sie mit dem bigotten Geschwätz vom auserwählten Volk aus der Welt geredet.

Die Tatsache, daß man eine geradezu brutale Realpolitik betrieb, versuchte man durch verstiegenes Gerede von der eigenen Auserwähltheit vor aller Welt zu kaschieren. Die Amerikaner verstanden sich schon damals perfekt auf die Kunstfertigkeit, Moral zu predigen und sich mit einem besonderen Nimbus von Heiligkeit zu umgeben, während sie Intoleranz, Prüderie und Heuche-

lei bis zum Exzeß betrieben und nebenher eine gnaden-
lose Jagd auf Indianer veranstalteten.

Diese hatten den weißen Eindringlingen neben ihrer
fast totalen Ausrottung vor allem Alkohol, Blattern, Tu-
berkulose und Syphilis zu verdanken. Ansonsten brachte
man ganze Indianerstämme unter Zuhilfenahme der
überlegenen Feuerwaffen unter die Erde. Davon pflegten
die Menschen im fernen Europa und auch im biedermei-
erlich verträumten Deutschland kein Sterbenswörtchen
zu hören. Sie häkelten unentwegt an einem verschönten
Amerikabild, auf das selbst Goethe hereinfiel, was man
ihm aus Mangel an zuverlässigen Berichten aus der
Neuen Welt nicht verübeln sollte. Wer hätte damals auch
schon nur den Schimmer einer Ahnung davon haben
können, welche Tragödien sich auf dem jungfräulichen
Boden Amerikas abspielten? Dort hatte nur derjenige
eine Chance zu überleben, der die Gesetze der freien
Wildbahn ohne alle Einschränkung zu praktizieren sich
nicht zierte.

Natürlich waren die Auswanderer, die das Risiko einer
lebensgefährlichen Reise auf sich genommen hatten, in
der Regel von den Umständen, die sie jenseits des Atlan-
tiks antrafen, nicht gerade entzückt. Viele packte ganz
mitleidlos das Heimweh, aber die pure Not zwang sie
dann eben doch, ihr Glück in diesem Land der rüden
Sitten zu versuchen und sich mit Abenteurern zu solida-
risieren, die nicht gerade zimperlich zum Run auf den
schnellen Dollar angesetzt hatten.

Auch die damals noch in abgeschirmten Elfenbein-
türmchen hausenden deutschen Intellektuellen verfielen
immer wieder auf den Gedanken, sich den Staub des

alten und, wie sie meinten, morschen und aufreizend reaktionären Europa von den Füßen zu schütteln und damit die Despotie deutscher Fürsten mit den glänzenden Freiheiten des gelobten Landes jenseits des Meeres einzutauschen. Dort gab es ja bekanntlich nach Goethes Überzeugung wenigstens "keine verfallenen Schlösser", die ganz der Gegenwart hingegebene Lebenspraktiker mit "unnützem Erinnern" belasten konnten. Wie man weiß, kokettierte Goethe eine Zeitlang mit dem Gedanken, nach Amerika auszuwandern, wäre er nur zwanzig Jahre jünger, wie er den Kanzler Müller wissen ließ.

Von den arrivierten deutschen Poeten wagte sich beispielsweise dann der Lyriker Nikolaus Lenau, fast bis zum physischen Ruin "europamüde" wie so viele andere, am tollkühnsten ins damals noch für Deutsche fast unentdeckte Amerika vor. Im Herbst 1832 reiste er kurzentschlossen über den Atlantik, immer in der Hoffnung, dort sein Glück zu finden, dem er immer auf den Fersen gewesen war.

"Wir wollen in Amerika zusammen rauchen, schießen, in den Urwäldern die Affen ausspotten", stellte sich Lenau sein Leben in den USA vor. Im übrigen spielte er mit dem Gedanken, sich für fünf Jahre irgendwo am Missouri niederzulassen und dort neue dichterische Impulse zu empfangen, da er sich als Poet völlig ausgebrannt fühlte. Er verfügte nämlich über ausreichende Mittel, um in den Staaten tausend Morgen Land zu erwerben und dort in aller Abgeschiedenheit neue Taten des Geistes auszuhecken, die alle Welt, wie er hoffte, in helles Erstaunen versetzen sollten.

Das genaue Gegenteil seiner hochgespannten Illusionen stellte sich jedoch schon bald nach seiner Überfahrt ein. Kaum hatte er in Baltimore amerikanischen Boden betreten, war auch schon der beste Teil seiner Amerika-Euphorie verraucht. Am 16. Oktober 1832, also nur eine Woche nach seiner Ankunft, geht ein vielsagender Brief an seinen Schwager nach Deutschland hinüber.

"Die Amerikaner sind himmelan stinkende Krämerseelen", schüttet der Poet seine beleidigte Seele aus. "Tot für alles geistige Leben, mausetot. Die Nachtigall hat recht, daß sie bei diesen Wichten nicht einkehrt. Das scheint mir von ernster, tiefer Bedeutung zu sein, daß Amerika keine Nachtigall hat. Es kommt mir vor wie ein poetischer Fluch. Eine Niagarastimme gehört dazu, um diesen Schuften zu predigen, daß es noch höhere Götter gäbe als die im Münzhaus geschlagen werden.

Man darf diese Kerle nur im Wirtshaus sehen, um sie auf immer zu hassen. Eine lange Tafel, auf beiden Seiten fünfzehn Stühle; Speisen, selbst Fleisch, bedecken den ganzen Tisch. Da erschallt eine Freßglocke, und hundert Amerikaner stürzen herein, keiner sieht den anderen an, keiner spricht ein Wort, jeder stürzt auf seine Schüssel, frißt hastig hinein, springt dann auf, wirft den Stuhl hin und eilt davon, Dollars zu verdienen."

Im März des folgenden Jahres scheint sich Lenau dazu durchgerungen zu haben, seine Zelte sobald wie möglich wieder abzubrechen. Er war einer trügerischen Illusion erlegen, als er in dieses verheißene Land aufgebrochen war. Die Erfahrungen, die er im Umgang mit den so wenig konzilianten und nur auf ihren Profit versessenen Amerikanern einsammeln konnte, hatten ausgereicht, um ihnen generell gesellschaftliche Ungehobeltheit und unglaubliche Gewalttätigkeit zu bescheinigen.

"Ihre Rauhigkeit ist aber nicht etwa die Rauheit kräftiger Naturen", präzisiert er seine Eindrücke in einem Brief an die Freunde in der Heimat, zu der er sich wieder magisch hingezogen fühlt. "Nein, es ist eine zahme und darum doppelt widerlich. Buffon hat recht, daß in Amerika Menschen und Tiere von Geschlecht zu Geschlecht weiter herabkommen. Ich habe hier noch keinen mutigen Hund gesehen, kein feuriges Pferd, keinen leidenschaftlichen Menschen. Die Natur ist hier entsetzlich matt. Hier gibt es keine Nachtigall, überhaupt keinen Singvogel.

Der Natur wird es hier nie wohl ums Herz, daß sie singen möchte. Sie hat kein Gemüt und keine Phantasie und kann darum ihren Geschöpfen nichts geben. Es ist etwas recht Trauriges, diese ausgebrannten Menschen zu sehen in ihren ausgebrannten Wäldern.

Hier lebt der Mensch in einer sonderbaren kalten Heiterkeit, die ans Unheimliche streift. Die Natur selbst ist kalt, alles ist gleichförmig und unphantastisch. Alles ist nur Gezwitscher und unmelodisches Geflüster. Selbst der Mensch hat keine Stimme zum Gesang. Die Damen blicken nicht, sie schauen nur. Es klaffen nur zwei Kellerfenster. Ich kann das amerikanische schöne Geschlecht nur darin loben, daß es meiner inneren Ruhe niemals gefährlich würde."

Bei seinen poetischen Streifzügen durch die Staaten hatten am Ende nur Teile des Hudson und natürlich die Niagarafälle einen nachhaltigen Eindruck bei Nikolaus Lenau hinterlassen. In den tristen Wäldern des Westens packte ihn sogar spontan die Sehnsucht nach Deutschland und seiner Poesie. Zusammenfassend gelangte er zu dem Schluß, bei diesem Amerika handele es sich nicht um jungfräuliche Erde, sondern um "das wahre Land des Untergangs", um den "Westen der Menschheit", der bereits von allen Spuren der Dekadenz gezeichnet war.

Selbst Lenaus Vision von der amerikanischen Musterdemokratie bedurfte dringender Korrekturen. Er witterte hinter dem schönen Schein von Freiheit eine "fürchterliche innere Hohlheit". Alles, aber auch alles in diesem obskuren Land, selbst die mitmenschlichen Beziehungen, blieben weit hinter Lenaus Erwartungen zurück. Man gab sich in völliger Unbedarftheit nicht einmal einige Mühe, die vorhandene "innere Hohlheit" zu übertünchen. Nur Profit und "Business" reglementierten schon damals das Verhältnis der Amerikaner untereinander, von denen jeder nur darauf versessen war, den anderen bei passender Gelegenheit aufs Kreuz zu legen. Und daß man um des Profites willen sogar über Leichen zu gehen imstande war, konnte nicht weiter überraschen.

Lenau gehörte übrigens zu den ersten, die noch vor dem Franzosen Alexis Tocqueville ihre Bedenken gegen die vielgelobten demokratischen Freiheiten in den USA mit immer noch hörens- und beachtenswerten Argumenten anmeldete. Er hatte schnell herausgefunden, daß in "God's own land" im Grunde gar nicht die Freiheit herrschte, für die ein Monopol zu besitzen man sich allen Ernstes einbildete. Ganz im Gegenteil sah sich der Dichter schon bald oft kaum noch erträglichen kollektiven Zwängen ausgeliefert. Wer sich nämlich den gesellschaftlichen Pressionen nicht sklavisch anpaßte, riskierte als "Outcast" oder Nonkonformist zwischen alle Räder des gesellschaftlichen Getriebes zu geraten und sich nur noch am Rande der maßgeblichen Gesellschaft bewegen zu können. Der völlig frustrierte Lenau schied schließlich aus diesem nur anscheinend demokratischen Musterland mit der festen Überzeugung, wahre Freiheit ruhe schließlich einzig und allein in der eigenen Brust des Menschen. Für diese Erkenntnis hätte es allerdings nicht dieses enervierenden Lernprozesses bedurft.

Immerhin brachte der Dichter nach zweijährigem Aufenthalt die wichtige Erkenntnis mit nach Hause, beim Atlantischen Ozean handele es sich um einen "isolierenden Gürtel für den Geist und alles höhere Leben". Die Allgemeinbildung der Amerikaner hielt er schlechterdings für beklagenswert, und daran hat sich weiß Gott bis heute nichts geändert.

"Hier entfaltet sich nur der praktische Mensch in seiner furchtbaren Nüchternheit", stellt er mit entwaffnender Sachlichkeit fest. "Doch ist selbst diese Kultur keine von innen hervorgegangene, bodenlose und darum gleichsam mühselig in der Luft schwebend erhaltene."

Lenau führt dann fort: "Man meine ja nicht, der Amerikaner liebe sein Vaterland oder er habe ein Vaterland. Jeder einzelne lebt und wirkt in dem republikanischen Verbande, weil dadurch und solange dadurch sein Privatbesitz gesichert ist. Was wir 'Vaterland' nennen, ist hier bloß eine Vermögensassekuranz. Der Amerikaner kann nichts, er sucht auch nichts als Geld; er hat keine Idee. Folglich ist der Staat kein geistiges und sittliches Institut, sondern nur eine materielle Konvention."

Das Amerika-Abenteuer dieses Deutschen, welcher der spießbürgerlichen Enge seines Vaterlandes entwischen wollte, endete mit einem völligen Fiasko. Er hatte sich bei seinen Exkursionen ins Innere eines extrem unkultivierten Landes nur "ein Loch im Kopf, ein Rheumaleiden und dazu die Erkenntnis geholt, es gäbe weder Gesang noch Geist in diesem Lande, das Gott für sich allein reklamiert hatte". Immerhin hatte er unterwegs das oft borNierte, aber ehrliche Hinterweltlertum seiner Heimat sehr wohl zu schätzen gelernt. Zwanzig Jahre später verarbeitete übrigens der Wiener Romancier Ferdinand Kürnberger Lenaus Amerika-Episode in seinem Roman "Der Amerikamüde".

Zur selben Zeit etwa enttarnte auch Georg Wilhelm Friedrich Hegel den amerikanischen "Grundcharakter", "welcher in Richtung des Privatmannes auf Gewinn und Erwerb besteht in dem Überwiegen des partikularen Interesses, das sich dem Allgemeinen zu dem Behufe des eigenen Genusses zuwendet. Es finden allerdings rechtliche Zustände, ein formelles Rechtsgesetz statt, aber diese Rechtlichkeit ist ohne Rechtschaffenheit".

Zwei Jahre nach Lenau kehrte auch der französische Soziologe Alexis de Tocqueville von seiner Amerika-Reise nach Europa zurück. Er hatte im Auftrag seiner Regierung in den USA das Gefängniswesen studieren sollen. Bei diesem Unternehmen fiel schließlich Tocquevilles Standardwerk "Über die Demokratie in Amerika" ab. Die in diesem Buch ausgebreiteten Erfahrungen trugen entschieden dazu bei, den übertriebenen Erwartungen europäischer Demokraten einen gehörigen Dämpfer aufzusetzen.

Auch Tocqueville sah die amerikanischen Freiheiten mit wachsender Skepsis. "In Amerika zieht die Mehrheit einen drohenden Kreis um das Denken", hatte er herausgefunden. "Innerhalb dieser Grenzen ist der Schriftsteller frei, aber wehe, wenn er sie zu überschreiten wagt! Unter der absoluten Herrschaft eines einzelnen schlug der Despotismus, um den Geist zu treffen, den Körper: eine grobe Methode, denn der Geist erhob sich unter den Schlägen und triumphierte über den Despotismus. In den demokratischen Republiken geht die Tyrannei ganz anders zu Werke; sie kümmert sich nicht um den Körper und geht ganz unmittelbar auf den Geist los. Der Machthaber sagt hier nicht mehr: 'Du denkst wie ich oder du stirbst!' Er sagt: 'Du hast die Freiheit, nicht zu denken wie ich. Leben, Vermögen und alles bleibt Dir erhalten, aber von dem Tage an bist Du ein Fremder unter uns. Du wirst Dein Bürgerrecht behalten, aber es wird Dir nicht mehr nützen; denn wenn Du von Deinen Mitbürgern gewählt werden willst, werden sie Dir Ihre Stimme verweigern, ja, wenn Du nur ihre Achtung begehrst, werden sie so tun, als versagten sie sie Dir. Du wirst zwar weiter unter den Menschen wohnen, aber Deine Rechte auf menschlichen Umgang verlieren. Wenn Du Dich nur einem unter Deinesgleichen nähern wirst, so wird er Dich fliehen wie einen Aussätzigen. Und selbst wer an Deine Unschuld glaubt, wird Dich verlassen, sonst meidet man auch ihn. Gehe hin in Frieden, ich lasse Dir das Leben, aber es ist schlimmer als der Tod.'"

Das stereotype Mehrheitsdenken der Amerikaner mußte dann im Endeffekt auch zu geistiger Stagnation und schließlich zu Sterilität führen, die heute im Zeichen eines globalen Amerikanismus die gesamte Welt bedroht. Tocqueville entlarvte schonungslos den an sich lebensfeindlichen amerikanischen Mythos der Gleichheit und Freiheit Bei ihr handelte es sich für ihn in Wirklichkeit um die absolute Herrschaft einer dünnen und dabei nur geldgierigen und keineswegs geistig elitären Oberschicht, also um eine ausbeuterische Oligarchie.

"In Zeiten der Gleichheit schenken sich die Menschen wegen ihrer Gleichheit kein Vertrauen, aber dieselbe Gleichheit flößt ihnen ein fast unbegrenztes Vertrauen in das Urteil der Öffentlichkeit ein. Es erscheint ihnen nämlich nicht wahrscheinlich, daß die Wahrheit sich nicht auf Seiten der größten Zahl befinde, da sie alle gleich aufgeklärt sind. Die Öffentlichkeit besitzt infolgedessen bei demokratischen Völkern eine eigentümliche Macht, von der die aristokratischen Nationen sich nicht einmal eine Vorstellung machen können.

Sie versucht nicht, durch ihre Anschauungen zu überzeugen, sie drängt sie auf und treibt sie mit einem ungeheuren Druck der Massenseele auf den Einzelgeist in die Gemüter ein. In den Vereinigten Staaten nimmt es die Wahrheit auf sich, den Individuen eine Menge Meinungen zu liefern, und enthebt sie so der Verpflichtung, sich eigene zu bilden. Nichts ist nämlich dem Menschen geläufiger, als dem, der ihn unterdrückt, eine große Weisheit zuzuerkennen."

Diese damals in den USA verbreitete Uniformität des Denkens hat sich inzwischen über die gesamte Welt verbreitet. Selbstdenker sind nicht mehr erwünscht und sehen sich geradezu inquisitorischen Pressionen ausgesetzt. Mit dergleichen unmündigen Staatsbürgern läßt sich die Demokratie, wie Tocqueville bemerkt, relativ mühelos von einer dünnen Schicht rücksichtsloser Profiteure bewältigen.

30

"Ich kenne kein Land, in dem allgemein weniger geistige Unabhängigkeit und weniger wahre Freiheit herrscht als in Amerika", schlußfolgert der Franzose, der bekennt, er wisse kein anderes Volk, "in dem die Liebe zum Geld eine derartig verzehrende Leidenschaft wäre". Und weiter: "Allem, was die Amerikaner tun, liegt ihre Liebe zum Reichtum zugrunde. Die Zeit wird kommen, in der die Menschen mit dem Blick auf die neuen Besitztümer das Maß verlieren und jede Selbstbeschränkung ablegen. In ihrer angestammten ausschließlichen Sorge, ein Vermögen anzuhäufen, verlieren sie die enge Verbindung aus dem Auge, die zwischen dem privaten Vermögen und dem allgemeinen Wohlstand besteht." Inzwischen hat sich gezeigt, daß der "American dream" sich immer mehr in der skrupellosen Befriedigung des vitalsten Triebes erschöpft, des Egoismus.

Tocquevilles Beobachtungen beschreiben bereits den Zustand einer galoppierenden Dekadenz, in dem die Menschen sogar das Denken in einem unerträglichen kollektiven Zwang verlernen. "Er bedeckt ihre Oberfläche mit einem Netz kleiner, verwickelter und einheitlicher Regeln, die nicht einmal die stärksten Seelen zu durchdringen vermögen, wollen sie die Menge hinter sich lassen. Er bricht den Willen nicht, sondern er schwächt, beugt und leitet ihn. Er zwingt selten zum Handeln, steht vielmehr ständig dem Handeln im Wege. Er zerstört nicht, er behindert die Entstehung und bringt jede Nation dahin, daß sie nur noch eine Herde furchtsamer und geschäftiger Tiere ist, deren Hirte die Regierung darstellt."

All diese Symptome einer Scheindemokratie, die in den USA heute noch praktiziert werden, belasten nach wie vor das Prestige der USA, die, obwohl alles dagegen spricht, trotzdem die Stirn haben, sich der Welt als das freieste Land überhaupt zu präsentieren. Wahrscheinlich muß man schon über eine geschulte Beobachtungsgabe verfügen, um die ganze Brüchigkeit im demokratischen System dieses seltsamen Landes zu entlarven.

Auch andere kamen schon früh auf die Idee, die USA keineswegs wie Melville für eine "Edelauslese der Nationen" zu halten. Im Jahre 1889 ließ sich zum Beispiel Knut Hamsun unmißverständlich über das "Geistesleben des modernen Amerika" aus, um zu dem Schluß zu gelangen, daß so etwas wie ein wirklich geistiges Leben in den Staaten nicht existiere. Angesichts der habituellen Oberflächlichkeit der Bewohner dieses Landes hätten die Künste wenig Chancen, sich zu einer Meisterschaft zu entwickeln.

Mit dergleichen ätzenden Vorstellungen konnte sich der große Norweger, der sich von anderen Geistesheroen darin unterschied, daß er nie den Versuchen eines wie immer gearteten Opportunismus erlag, keine Freunde verschaffen. Seine heimliche Liebe gehörte bekanntlich den Deutschen. Seine Aversion gegen die Yankees schlug aber schließlich in offenen Haß um, als Präsident Wilson den Kriegseintritt Amerikas im Ersten Weltkrieg erzwang. Für den Rest seines langen Lebens vermied Hamsun jede Berührung mit Amerika und dem Amerikanismus. Der Mann, der in seinem "Segen der Erde" den Mythos des elementaren Lebens schuf und dafür den Nobelpreis erhielt, wußte mit Sicherheit, was er tat, wenn er bis zuletzt zu Deutschland und den Deutschen hielt und bereit war, alle Malaisen seines von politischen Querelen überschatteten Alters mit Würde zu tragen.

Heute haben sich leider auch die schwärzesten Prognosen der Amerika-Skeptiker weitgehend erfüllt. Der gesamten Menschheit droht in der Tat eine Amerikanisierung, die diese Welt in eine computergesteuerte Plastikwelt umfunktionieren dürfte. Offenbar ist dieser zum Weltfeind Nummer eins erhobene Amerikanismus der letzte imperialistische Impuls mit direkter Zielrichtung gegen die Freiheit der Menschheit. Ihn zu akzeptieren, bedeutet für die meisten Völker natürlich den Entschluß, sich erheblich unter das eigene geistige und moralische Niveau zu begeben.

"Das Verschwinden der Nationen in einer Welt des Amerikanismus würde uns nicht weniger arm machen, als wenn alle Menschen einander gleich würden, mit einem Charakter, einem Gesicht", kommentierte Alexander Solschenizyn, der den "American way of life" als sowjetischer Emigrant selbst vor Ort kennengelernt hatte. Sein Verhältnis zu diesem Land seiner Emigration blieb immer stark unterkühlt. Er war sich darüber durchaus im klaren, warum er zu den Amerikanern eine extreme Gegenposition bezogen hatte. Der Geist des Raffkapitalismus, den dieses Land verströmte, bot alle Voraussetzungen, alle gewachsenen nationalen Besonderheiten der Völker mit einem Schlag auszulöschen und ein Land verbrannter Erde zurückzulassen. Das aber bedeutet für ihn soviel wie das Ende der Menschheit. "Die Nationen sind der Reichtum der Menschheit, ihre kollektive Persönlichkeit", hämmerte er seinen irregeführten Zeitgenossen ein. "Noch die geringste von ihnen hat ihre besonderen Farben und trägt in sich eine bedeutende Facette des göttlichen Plans."

Naiver Messianismus

Einem von den Unberechenbarkeiten seiner Geschichte arg gebeutelten Mitteleuropäer will es so recht nicht in den Kopf hinein, warum einzelne Völker eigentlich den Anspruch für sich erheben, andere zu missionieren, um ihnen zu ihrem wahren Glück zu verhelfen. Offenbar müssen sie mit einer obskuren höheren Instanz in enger Verbindung stehen und von dieser laufend eine "Message" erhalten. Daß die USA jedoch mit diesem so leicht in einen unerträglichen Chauvinismus ausufernden Missionsanspruch oft irreparables Unheil anrichten, weil sich hinter ihrer durch nichts gerechtfertigten Anmaßung keine effektive Überlegenheit verbirgt, ist längst geschichtsnotorisch geworden.

Maßlose Hybris und monomanische Verstiegenheit haben zuletzt sogar gegen jene Nationen zurückgeschlagen, die wie Barbarenhorden in kontinuierliche Geschichtsabläufe einbrachen und für sich das Sonderrecht eines ungezügelten Elements beanspruchten. Unerträglich wird dieses aufgesetzte Sendungsbewußtsein aber geradezu, wenn sich der überzogene Nationalismus mit einem bigotten Augenaufschlag vor die ohnehin beunruhigte Menschheit wagt. Hinter salbungsvollen Tiraden verbirgt sich im Grunde nur ein unersättlicher Expansionsdrang, der in der Geschichte eine blutige Spur hinterlassen hat.

Die penetrante Kreuzzugsmentalität der Yankees ist im Grunde von einer entwaffnenden Naivität, aber gerade deswegen so gefährlich. Alle Überredungskünste reichen nicht aus, die immer noch an ihren Kinderkrankheiten laborierenden Amerikaner auf den Pfad der Tugend zu führen. Offenbar müssen sie gerade in heutigen Krisenzeiten ihre schwindenden Kräfte an diesem Missionsbewußtsein von neuem aufladen, um von ihrer Gewalttätigkeit abzulenken, die den Bewohnern der Neuen Welt den zweifelhaften Ruf des "häßlichen Amerikaners" eingetragen hat.

Gleichwohl spielen sich die Amerikaner immer noch als die erwählten Weltgouvernanten auf, die sich dazu berufen fühlen, aufgrund ihrer moralischen Überlegenheit den Rest der Welt Mores zu lehren. Wer sich wie sie im Besitz der alleinseligmachenden demokratischen Freiheiten fühlt, kann die Welt mit seinem ständigen Dreinreden nur in immer neue Konfliktsituationen stürzen. Ein Volk aber, auf dessen Konto die kaum zu überbietenden Morde an Indianern und Sklaven fallen und das im kulturellen Sektor eigentlich nur lauter Fehlanzeigen zu erstatten hat, muß schon der Teufel geritten haben, wenn es für sich den moralischen Bonus beansprucht, mit erhobenem Zeigefinger vor anderen eine Schau als eine Meute von lauter Tugendbolden abzuziehen. Wem es ersichtlich so schwerfällt, die alles andere als salonfähigen Allüren der Pionierzeit abzulegen und sich auf eine ethisch akzeptable Normalität einzupendeln, hätte eigentlich allen Grund, sich an die eigene Brust zu schlagen, ehe man wieder einmal zu neuen humanitären Aktionen gegen die immerhin doch besseren Wilden aufbricht.

Die ersten Ansiedler, bei denen es sich bekanntlich vorwiegend um Desperados handelte, auf die das alte

Europa gut und gerne verzichten konnte, hatten kaum ernsthafte Probleme damit, die ihnen zwar menschlich überlegenen, aber ihnen waffentechnisch nicht gewachsenen Indianer bis auf bescheidene Reste zu vernichten. Man jagte die Ureinwohner des Landes wie Büffel und verfuhr nach dem so ungemein menschenfreundlichen Grundsatz, nur ein toter Indianer könnte auch ein guter Indianer sein. Selbst die als Pilgerväter verklärten christlichen Siedler konnten diesen Genozid durchaus mit ihrem Gewissen vereinbaren.

Daß man dann aber trotzdem vorgab, im Besitz des wahren Christentums zu sein, und dazu die Stirn hatte, sein Land dummdreist zu "Gods own land" zu erklären, beweist abermals die entwaffnende Naivität des amerikanischen Messianismus. Man deckte eine entsetzliche Politkriminalität einfach mit hohlen Phrasen zu und verlieh sich sogar das "Image" einer eminent christlichen Nation, die mit der Vernichtung der heidnischen Indianer ein überaus gottgefälliges Werk erfüllte. Selbst heutige Präsidenten berufen sich bei ihren oft unenträtselbaren Entscheidungen in der Regel auf den Gott der Christen und die Bibel und selbst die größten Ganoven unter ihnen nahmen in ihren Sprachgebrauch die Floskel von einer "Nation unter Gott" auf, um damit vor aller Welt Eindruck zu schinden. Am Ende mochten sie sogar selbst daran geglaubt haben, wie die Juden einem auserwählten Volk anzugehören. Beide, Yankees und Juden, haben sich dann übrigens bald zu einer unheiligen Kooperation zusammengefunden und halten seitdem die Welt mit ihrer verstiegenen These von ihrer Auserwähltheit in Atem.

Natürlich ist man in den USA im Grunde bis in die Knochen so unreligiös und ametaphysisch, wie eine Nation nur sein kann. Man verfährt daher minuziös nach der Parole aller diesseitsgläubigen Pragmatiker: "Jeder für sich und Gott für uns alle". Mit dem Christentum wird für ungewöhnlich profane Zwecke gehörig Schindluder getrieben, und man hat den Eindruck, der liebe Gott würde beim Anblick seines auserwählten Volkes dann doch mehr als einmal die Augen schließen. Der "American way of life" ist so materialistisch, wie eine Lebensform es überhaupt nur sein kann. Weil man sich für soviel frommer hält als andere und bessere Beziehungen zum Himmel unterhält als der Rest der Welt, fühlt man sich verpflichtet, mit diesem Pfund auch zu wuchern und etwa Goethes Frankfurt in eine Kopie von Omaha-Nebraska zu verwandeln, wie Neil Postman allen Ernstes meinte.

Das alles fordert zu höchster Wachsamkeit auf, um den dummdreisten Propagandisten des Amerikanismus das Wasser abzugraben, ehe sie neues Unheil anrichten. Mitleidlos sollte man die Heuchelei der Amerikaner entlarven, hinter der sich ein ganzer Gipfel von Zynismus, Menschenverachtung und blankem Erwerbssinn verbirgt, die wenig mit den Postulaten des christlichen Evangeliums gemein haben, dafür aber um so mehr mit merkantilen Absichten. Es ist und bleibt schon so, wie der Lyriker William C. Williams es auf den Punkt brachte: das Unmoralische gehört nun einmal integrierend zum amerikanischen Lebensstil. Mit dem Unmoralischen wird es auch einmal mit diesem modernen Rom zu Ende gehen, wenn die Yankees es nicht noch fertigbringen, ihr Leben zu ändern. Wer aber hat eine solche seelische Mutation schon einmal erfolgreich zuwege gebracht?

Durch ihre schnellen und mühelosen Siege über die Indianer ist den Amis gehörig der Kamm geschwollen. Ihre Hybris ist der Welt dann auch oft genug schon teuer zu stehen gekommen. Zweimal haben amerikanische Präsidenten allein in diesem Jahrhundert schwere Blutschuld auf sich geladen, als sie in Europa in den Krieg gegen Deutschland eingriffen, nachdem die entscheidenden Schlachten schon geschlagen waren und sie sich nur am Einsammeln der Kriegsbeute zu beteiligen brauchten. Zweimal auch haben sie dieses entsetzliche Völkerringen bis zur Unerträglichkeit einer Apokalypse verlängert. Jedesmal mußte eine antideutsche Mischpoke in den Schlüsselpositionen des Staates die Nation durch unsaubere Tricks geradezu zum Kriegseintritt zwingen. Ein Nonplusultra an Grausamkeit leistete sich Präsident Truman durch den Abwurf von Atombomben auf japanische Städte, nachdem die Entscheidung des Krieges längst gefallen war. Man wollte nur noch sein Mütchen an den "Japsen" kühlen, die man als lästige Konkurrenten nicht gerade ins Herz geschlossen hatte.

Es braucht eigentlich kein Wort darüber verloren zu werden, daß der Amerikanismus nach dem Exitus des real existierenden Sozialismus aus dem Rennen um die Weltherrschaft heute die größte Gefahr für alle zivilisierten Nationen darstellt, die sich nicht in einem einzigen "Melting-pot" unterbuttern lassen möchte. Der Kapitalismus, demgegenüber der Sozialismus zunächst einmal den kürzeren gezogen hat, richtete bereits erheblichen

Flurschaden an und ist auf dem besten Wege, die Welt in Nietzsches wachsende Wüsten zu verwandeln. Auch die Europäer haben erheblich an Physiognomie eingebüßt. Sie werden Mühe haben, nach einer gezielten Hollywoodisierung wieder Statur zurückzugewinnen und sich an den Weltstandard heranzurobben.

Am spektakulärsten schlägt heute die Auszehrung unserer Sprache unter den Negativphänomenen zu Buche. Deutsch ist selbst auf dem Lande nicht mehr gefragt, seitdem unsere Umerzieher uns mit ihren unqalifizierten amerikanischen Sprachbrocken abgefertigt haben, die manche nur als eine üble Halskrankheit empfinden können. Was wir noch an substantieller Kultur aufzubieten hatten, ist längst passé und muß staatlich subventioniert werden. Goethe ist durch Walt Disney und seine Comics aus dem Rennen geworfen worden, und die Schulen unternehmen nicht einmal erst einen ernsthaften Versuch, deutsche Klassik unter die Leute von morgen zu bringen. Die Pop-Kultur steht nun einmal den Herzen deutscher "Kids" näher als alle Wagner-Opern.

Gewalt, so lautete das Urgesetz der Neuen Welt, von allem Anfang an. Man setzte sie mit atemberaubender Bedenkenlosigkeit mit dem Colt in der Hand durch. Höhere menschliche Regungen blieben dabei kläglich auf der Strecke. Dieser Gewalttätigkeit der Yankees erlagen 200.000 Philippinos, die über amerikanische Klingen springen mußten, und im Golfkrieg waren es kaum weniger Iraker, die nutzlos aus der Luft hingeschlachtet wurden.

Begreiflich war es freilich schon, daß jeder, der sich als Pionier durchsetzen wollte, dabei nicht mit

Glacéhandschuhen zu Werke gehen durfte. Nur auf Glücksrittermanier konnte man sich auf die Sonnenseite des Lebens plazieren. Über dieses Gesetz der freien Wildbahn hat sich bis auf den heutigen Tag die amerikanische Gebrauchsethik kaum erheben können. Die Zahl der jährlichen Mordopfer, die bei 30.000 liegt, spricht jedenfalls Bände.

Der Pragmatismus war daher auch das einzige philosophische System, das sich auf amerikanischem Boden entwickeln konnte. Er bewährte sich als eine in allen Lebenslagen anwendbare Lebensschlauheit, die nur den Nachteil hat, daß sie eine auf die Dauer unerträgliche soziale Kälte ausstrahlt. Alles Geschehen wird unter dem Aspekt der Nützlichkeit aus der Hundeperspektive angepeilt. Mitleid und Solidarität haben daher nie Chancen gehabt, das Verhalten der Menschen untereinander zu reglementieren. "Big Business" ist bis heute der heimliche Gott der Amerikaner geblieben. Aber diese Art von religiöser Betätigung läßt nicht gerade auf besondere Auserwähltheit schließen.

Einige amerikanische Präsidenten haben dann auch die Katze aus dem Sack gelassen, als sie die höchst profane Philosophie der Nation auf einen einheitlichen Nenner zu bringen versuchten. Thomas Jefferson war so überaus freimütig, darauf hinzuweisen, er führe Kriege immer nur in der Absicht, das "heilige Feuer der amerikanischen Demokratie" zu hüten und einige Funken davon in anderen Erdregionen zu wahren Buschfeuern entflammen zu lassen. Was dann aus dieser edlen Absicht geworden ist, kann man in den Annalen der Geschichte nachlesen. Im übrigen wünschte sich dieser noble Politiker einen "Ozean voll Feuer" zwischen der neuen und der alten Welt, der er großherzig, wie er nun einmal war, erlaubte, sich auf die starken Schultern der USA zu stützen und neben den Amerikanern "herumzuhumpeln".

Der ominöse Kriegspräsident Wilson gab amerikanischen Kaufleuten den gutgemeinten Rat mit auf ihre Eroberungszüge auf allen Weltmärkten: "Lassen Sie Ihre Gedanken und Vorstellungen durch die ganze Welt kreisen, und dann gehen Sie hinaus in die Welt, verkaufen Sie Ihre Güter, mit denen die Welt glücklicher werden kann, und bekehren Sie die Welt zu amerikanischen Prinzipien."

Entschieden drastischer artikulierte sich in dieser Hinsicht Präsident Theodore Roosevelt, der seinen Landsleuten die folgende Empfehlung mit auf den Lebensweg gab: "Sprecht sanft und tragt immer einen Knüppel mit euch, und ihr werdet es weit bringen." Zweifellos: mit der Befolgung dieser Überlebensmaxime haben die Yankees dann auch Karriere gemacht. Sie haben sich damit die Welt erobert, aber dabei erheblichen Schaden an ihrer Seele genommen.

Inzwischen sind die ruppigen Manieren des Wilden Westens aus den Saloons auch in die Welt der Büros und Arbeitsstätten verlegt worden. Man muß immer noch im Notfall selbst im übertragenen Sinne der erste sein, der seinen Colt gezogen hat, um überhaupt zu überleben. Mit dieser "blutigen" Normalität" versucht man, sich immer noch recht und schlecht durchs Leben zu schmuggeln, allerdings mit dem Erfolg, daß sich inzwischen in den Wohnungen amerikanischer Bürger weit mehr als 100 Millionen Schußwaffen befinden.

Trotz dieser sicherlich belastenden Hypothek senden die Amerikaner ihre christlichen Soldaten zur Durchsetzung ihrer verschrobenen Kreuzzugsideen, die meist um den Rohstoff Öl kreisen, in alle Welt. Da andere Völker sich bekanntlich nicht auf einem nur annähernd hohen moralischen Niveau bewegen, vollbringen sie ein gottgefälliges Werk, wenn sie diese im Notfall gleich mit Stumpf und Stiel ausrotten. Die deutschen "Krauts", die allem Anschein nach nicht unter die Kategorie "Mensch" fallen, ließ man doch auch nach Kriegsende gleich zu vielen Hunderttausenden auf Befehl Eisenhowers auf den Rheinwiesen krepieren, obwohl genügend Nahrungsmittel vorhanden waren, um diese dem Völkerrecht entsprechend am Leben zu erhalten. Angesichts dieser harten geschichtlichen Fakten klingt das unerträgliche Palaver von der Wertegemeinschaft wie Hohn in den Ohren gebrannter Kinder.

Der in seinem politischen Unterscheidungsvermögen reichlich reduzierte Durchschnittsdeutsche scheint noch immer nicht kapiert zu haben, was er sich da mit seiner Liaison mit den Amis eigentlich eingehandelt hat. Er kann aus dieser Verbindung eigentlich nur abgeschlagen als Verlierer hervorgehen. Wir sind den Rattenfängern von drüben allzu unbedenklich auf den Leim gekrochen. Der Gedanke, daß auch wir eines Tages von unseren Freunden verheizt werden könnten, bringt uns noch keineswegs um den Schlaf.

Völker, die sich fremden Einflüssen allzu willfährig öffnen, riskieren dabei den Verlust der eigenen Identität. Eben dieser Zustand ist bei uns bereits eingetreten. Wir haben uns zumindest kulturell aus der Geschichte abgemeldet. Walt Disneys Micky-Mouse hat verständlicherweise deutschen Tiefsinn aus dem Programm des Amüsierpöbels verdrängt. Selbst von Goethe ist nicht einmal mehr als ein "deutscher Zwischenfall" übriggeblieben, wie Nietzsche noch annehmen konnte. Man konsumiert inzwischen im Land der Dichter und Denker die gleichen seichten Bücher, wenn man überhaupt noch nach Gedrucktem greift, man hört die gleiche Musik und sieht die gleichen Filme aus der Giftküche Hollywoods.

Wir haben uns wieder einmal wie schon so oft in unserer Geschichte für den Weg des geringsten Widerstandes entschieden und darauf verzichtet, dem amerikanischen Messianismus die Zähne zu zeigen. Kampflos haben wir uns der Plastikzivilisation, die uns wie eine Pest nach der Kapitulation heimsuchte, ausgeliefert. Seitdem haben die ungeschliffenen Manieren amerikanischer Cowboys bei uns Schule gemacht. Der Umgangston unter den Deutschen ist dadurch nicht gerade urbaner geworden.

Was also tun? Stefan Zweig hatte schon in den zwanziger Jahren, als sich die Kultur in diesem Lande durch ausländische Einflüsse aufzuweichen begann, gegen den damals schon in ein kulturelles Vakuum vorstoßenden Amerikanismus folgendes Rezept parat: "Von Amerika kommt jene furchtbare Welle der Einförmigkeit, die jedem Menschen dasselbe gibt, dasselbe Buch in die Hand, dasselbe Gespräch auf die Lippen und dasselbe Automobil statt der Füße. Vielleicht ist der Nationalismus ein letzter verzweifelter Versuch, sich gegen diese Gleichmacherei zu wehren." Inzwischen ist die Überlebensfrage der Deutschen von einer kompakten Abwehr gegen den Amerikanismus, der uns um Kopf und Kragen zu bringen droht, einfach nicht mehr zu trennen.

Es ließe sich mühelos ein ansehnlicher Katalog von Symptomen unseres kulturellen Defizits aufstellen, der nur im Zusammenhang mit der nicht abreißenden Infiltration amerikanischer Subkultur zu sehen ist und von dem jedes eigentlich bereits von tödlicher Wirkung sein könnte. Zu diesen negativen Phänomenen, die über den Ozean zu uns herübergeweht sind, und von denen jedes einzelne schon eine schwere Bedrohung unserer völkischen Existenz bedeutet, gehören etwa Aids, Alkoholismus, antiautoritäre Erziehung, Drogensucht, Jugendsekten, Gewaltkriminalität, Mafia, Kulturverfall, Pornographie, Scheidungsrekorde, Sexismus, Terrorismus, Rassismus, Neurosen und Zivilisationsschäden aller Art, um nur einige von ihnen aufzuführen. Zumindest darüber herrscht Einmütigkeit, daß die sich markant abzeichnende Tendenz nach unten uns fest im Griff hat, und daß sich in der Jugend noch keine Impulse zeigen, die darauf hindeuten könnten, daß man dem krebsartig auswuchernden Amerikanismus ein spezifisch abendländisches Selbstbewußtsein entgegenzusetzen versuchte. Gerade in unserem amerikanisierten Land verdrängen die Verhaltensweisen einer Wildwest-Mentalität den üblichen Gemeinsinn, der zwischen Rhein und Oder hoffnungslos in die Brüche geht. Zunehmend verstärkt sich sogar der Eindruck daß der Jugend alles, was mit deutscher Kultur im Zusammenhang steht, immer suspekter zu werden beginnt. Man hat sich offenbar längst für den Weg des geringsten Widerstandes entschieden, der keine geistigen Eskalationen und Höhenflüge mehr zuläßt.

Daß die trotz ihrer schweren moralischen und materiellen Krisen in sich und ihr Land verliebten Amerikaner nun doch noch eine Kehrtwendung vollziehen würden, um der Welt damit einen Gefallen zu erweisen, ist auf der Tagesordnung der Weltgeschichte nicht vorgesehen. Sie werden mit einiger Sicherheit bis ans Ende ihrer Tage sklavisch ihrem pausbäckigen Chauvinismus huldigen und große Teile der Welt mit den höchst anrüchigen Verhaltensweisen ihres "American way of life" infizieren. Solange in Washington oder in der vollamerikanisierten Provinz Deutschland Leute herumlaufen, die ihr gelobtes Land mit dem "neuen Jerusalem" identifizieren und sich darüber hinaus auch noch legitimiert fühlen, in alle Welt ihren Ungeist auszustrahlen, bleibt nur noch die eine Frage offen, wieso in aller Welt diese Nation den traurigen Mut aufbringt, die ohnehin von allen guten Geistern verlassene entmythologisierte Welt im Sinnes ihres Vulgärmaterialismus zu reformieren und dafür womöglich noch den frenetischen Applaus aller Unterbelichteten einzukassieren.

In der vorwiegend gemeingefährlichen Kreuzzugsmentalität haben die Yankees, so meinen wir wenigstens, bereits genügend Flurschaden angerichtet. Die 25 kriegerischen Verwicklungen, die sie nach Ende des Zweiten Weltkrieges sich zu leisten erlaubten, stellen nun wirklich einen traurigen Rekord an mangelnder Friedensbereitschaft dar. Die wegen des ihnen angedichteten Militarismus verteufelten Deutschen können ihnen in dieser Hinsicht auch nicht annähernd das Wasser reichen.

Heute können die wildgewordenen Amis mit betonter Selbstgefälligkeit auf ihre High-Tech-Waffen verweisen, um der Welt das Gruseln zu lehren. Sie scheinen vergessen zu haben, daß sie mit der Herstellung dieses Waffensystems bis an die Grenzen ihrer finanziellen Möglichkeiten gegangen sind und sich ein Defizit von fast vier Billionen Dollar damit eingehandelt haben.

Jedesmal, wenn man in Gottes eigenem Land zu einem heiligen Krieg gegen irgendwelche "Barbaren" aufbrach, die zur Räson gebracht werden mußten, bekam man zu hören, man habe mit dieser humanitären Aktion lediglich den Willen Gottes zu vollziehen. Überall auf der Welt, wo der "häßliche Amerikaner" als Störenfried bewährter Ordnungen auftrat, um die Bewohner im Namen der Menschlichkeit auf ein höheres sittliches Niveau zu hieven, schufen sie sich erbitterte Feinde. Nachdem man uns Deutsche in den Public-Relations-Büros in Washington oder anderswo in ein Verbrechervolk umstilisiert hatte und der stiernackige Deutsche in Hollywood-Seifenopern als der Bösewicht vom Dienst zu figurieren hat, sollte der Spaß, den man sich mit uns erlaubt, eigentlich doch ein Ende haben.

Obwohl unsere amerikanischen Freunde uns nur noch im Hinblick auf ihre aufschlußreiche Kriminalstatistik um eine Nasenlänge voraus sind, haben wir keinen Anlaß, sie als Ausbund christlicher Nächstenliebe zu feiern. Eine Nation, auf deren Konto der Völkermord an den Indianern und das große Sterben der Negersklaven fällt, die außerdem Engländer, Franzosen und Spanier aus deren amerikanischen Territorien vertrieb, erbarmungslos über uns Deutsche herfiel und die Japaner mit ihren Atombomben eindeckte, sollte sich eigentlich in die Armsünderecke der Weltgeschichte verkriechen. Statt dessen schürt sie einen alttestamentarischen Haß gegen uns Deutsche, ohne daß zwischen den beiden Völkern irgendeine Interessenkollision bestehen würde. Und schließlich: Solange man nicht im eigenen Hause Ordnung zu schaffen imstande ist, kann man nur dringend vor dem Import höchst fragwürdiger demokratischer Freiheiten warnen, an denen Völker bekanntlich zugrunde gehen.

Kultur – made in USA

Angesichts einer wahren Inflation von gänzlich nichtssagenden Sonntagsreden ist die Ansprache des früheren französischen Kultusministers Lang bei der Eröffnung der Frankfurter Buchmesse im Jahre 1989 im Bewußtsein der deutschen Öffentlichkeit leider völlig untergegangen. Wahrscheinlich hat man auch höheren Orts den für deutsche Ohren unerwünschten Inhalt dieser nachdenkenswerten Rede bewußt unterschlagen, die unseren amerikanischen Freunden ein nicht gerade schmeichelhaftes Urteil ausstellte.

Die erwähnten goldenen Worte aus berufenem französischen Munde beinhalten nämlich nicht mehr und nicht weniger als einen geradezu flammenden Appell an alle, die sich mit diesem eigentlich schon abgeschriebenen Kontinent noch solidarisch fühlen, um das überrepräsentative Angebot der amerikanischen Filmindustrie in unseren Medien, vor allem natürlich den nicht abreißenden Ausstoß der Hollywooder Massenproduktion zugunsten europäischer Produktionen drastisch zu beschneiden.

Die Wehklagen über die verheerende Sogwirkung des Coca-Cola-Imperialismus, der unser altes ehrliches Deutsch mit täglich neuen Amerikanismen fast bis zur Unkenntlichkeit verunstaltet, ist sicher nicht eine exzentrische Kopfgeburt eines verbissenen Europa-Enthusiasten, der es nicht lassen kann, engstirnig kulturelle Autarkie zu predigen.

Langs Argumente sind selbstverständlich keineswegs aus der Luft gegriffen. Aber die Kritiker der alles zermalmenden Amerikanisierung dieses Kontinents werden sich kaum mit einem Maulkorb versehen lassen, solange unser in einen unheilsamen Dauerschlaf versunkener Staat nicht dazu zu bewegen ist, durch greifende Abwehrmaßnahmen, nicht anders als die Franzosen, den Import von meist unqualifizierten Kulturangeboten aus den USA endlich zu kontingentieren und damit wieder dem gesunden Menschenverstand eine echte Chance zu geben.

Eine wirkungsvolle nationale Kulturpolitik ist bei uns jedoch noch eine reine Utopie, solange eingeschworene Internationalisten Himmel und Hölle in Bewegung setzen, uns vorzugsweise mit dem Kulturschrott made in USA einzudecken. So etwas wie eine deutsche Kulturpolitik ist und bleibt noch ein Wunschtraum, solange unsere durch die Bank linkslastigen Kulturmanager noch am bitterbösen Werk sind, die Überfremdung unserer Kultur vorsätzlich zu betreiben. Deren sinnvolle Pflege scheint ohnehin die Kapazität ihrer Charakterköpfe bei weitem zu überfordern. Sie wählen halt den Weg des geringsten Widerstandes, indem sie den allgemeinen Kulturstandard kurzerhand auf die heute obligatorische Hundeperspektive zurückschrauben. Im Zweifelsfalle macht man sich die Sache leicht, indem man seine Auswahl unter dem amerikanischen Kulturmüll trifft, der in rauhen Mengen vor unserer Haustür abgeladen wird.

Die berechtigte Frage des französischen Ministers, ob wir den Untermietern der europäischen Mietskaserne überhaupt noch tragfähige Lebens- und Kulturmodelle anzubieten haben, blieb auch in Frankfurt unbeantwortet im Raume stehen. Natürlich können wir es nicht mehr auf eine einleuchtende Weise, wenn wir uns nicht selbst in die Tasche lügen. Haben wir am Ende nicht doch schon, wie Lang meinte, das alte kulturelle Europa resigniert abgeschrieben, weil eine Jugend nach vorne drängt, die sich in Diskotheken wohler fühlt als in unseren Opernhäuser, die sich nur noch durch Subventionen mühsam über Wasser halten? Unter diesen Umständen haben wir den Völkern des Ostens, die noch allzu euphemistische Vorstellungen vom westlichen Kulturleben haben, kaum etwas wirklich Substantielles anzubieten. Einem kontinuierlichen wirtschaftlichen Wachstum steht ein niederschmetternder kultureller Kahlschlag gegenüber, der auch unser Land in immer heftiger in und um uns wachsende nihilistische Wüsten verwandelt.

Der Franzose scheint über ein geschärftes Gespür für die unberechenbaren Wirkungen des Amerikanismus zu verfügen als seine naiven oder bösartigen Bonner Kollegen, die, anstatt in Gesamtdeutschland einige Ordnung herzustellen, sich bedingungslos den Amis an die Brust werfen und mit dem Chaos kokettieren. Lang hingegen setzt Himmel und Hölle in Bewegung, um zu verhindern, daß auf europäischen Bildschirmen viel öfter die Straßen der Drogenmetropole San Francisco als die Avenuen von Rom, Amsterdam oder Berlin auftauchen. Ihm stellt sich das europäische Fernsehen als ein monotoner Eintopf dar, dem der stimulierende Pfeffer europäischen Geistes fehlt. Dabei verfügt unser zugegeben hart angeschlagener Kontinent immer noch über genügend Verve, um aus eigener Kompetenz Programme zu entwickeln, die sich gegenüber dem Angebot von Übersee behaupten können.

Wir hätten demnach bei uns zulande allen Grund, auf ein ausgewogenes Verhältnis zwischen eigenem und ausländischen Kulturangebot in den Programmen unserer öffentlich-rechtlichen Anstalten zu bestehen. Anderswo ist man uns in dieser Hinsicht jedenfalls um einige Meilen weit voraus. "Wie viele französische oder deutsche Filme gibt es auf dem amerikanischen Markt?" stellte der französische Minister damals die naheliegende Gegenfrage. "Und wie viele europäische Produktionen werden im amerikanischen Fernsehen gezeigt? In Amerika sind die tatsächlichen nationalen Quoten nicht fünfzig, nicht siebzig, sondern hundert Prozent."

Lang plädierte vor einem erlesenen Gremium und in Gegenwart des deutschen Bundeskanzlers, der sich bei der Vertretung deutscher Interessen bekanntlich harthörig stellt, für eine drastische Erweiterung der nationalen Quoten auf dem Sektor der Kultur, wie sie für Industrie oder Landwirtschaftsprodukte längst obligatorisch sind. Dabei hatte er keineswegs eine Abwertung des amerikanischen Imports im Sinne, nur eine gerechte und sinnvolle Kontingentierung.

Diese ausgewogenen und längst überfälligen Worte erreichten uns in einem Augenblick, in dem bei uns das Gespür für die Ausgeglichenheit der Fernsehprogramme längst im Schwinden begriffen war. Unsere dümmliche Offenheit für amerikanische Einflüsse hat inzwischen unsere eigenen schöpferischen Impulse auf ein klägliches Minimum reduziert. Unsere Künste sind über das Stadium eines verkrampften Experimentierens kaum hinausgelangt. Kein Wunder übrigens: Wer sich auf die tödliche Umarmung mit dem Amerikanismus einläßt, hat mit einer unvermeidlichen Verflachung seines sonstigen Standards zu bezahlen. Nur wer noch über das robuste Nervenkostüm verfügt, rings um die Uhr die Lärmbelästigung zu ertragen, die ihm durch die von unseren Funkhäusern ausgestrahlte enervierende Ami-Musik zugefügt wird, kann von Glück sagen.

Zieht man also die Summe unserer heutigen Leistung, so braucht man kein bösartiger antiamerikanischer Gartenzwerg zu sein, um gänzlich illusionslos festzustellen, daß wir bereits erheblich tief unter den Normalnullpunkt unseres sonstigen Standards gesunken sind und uns sicher nie mehr am eigenen Zopf aus diesem nihilistischen Sumpf herausziehen können. Dies ist nun einmal die Stunde der Mittelmäßigkeit, die allerdings auch wieder den Vorzug hat, sich nach amerikanischem Vorbild spielend leicht kommerzialisieren und vermarkten zu lassen.

Von den kaum wieder zu erreichenden Höhen des Deutschen Idealismus, von dem sich die alte Generation von Kulturträgern nur schwer trennen kann, sind wir unversehens in die Dschungel einer Talmikunst abgesunken, die nur noch mit einem vorwiegend zoologischen Menschenbild aufwarten kann und sich durch leicht durchschaubare Scharlatanerie doch noch eine gewisse Glaubwürdigkeit verschaffen möchte.

Der immer noch zu beklagende Erstickungstod der deutschen Kunst war eine bittere Erfahrung für alle, die noch nicht bereit sind, Deutschland und seine Kunst für mausetot zu erklären. Man kann diese lang anhaltende Agonie nicht verfolgen, ohne aus der Haut zu fahren. Der kulturelle Fast-Food, den man uns statt dessen auftischte, bleibt uns im Halse stecken. Er ist alles andere als eine akzeptable Nahrung für die Seele und soll es auch nicht sein. Kein Wunder, daß wir nach diesem kulturellen Harakiri fröstelnd am Wege stehen und sehnsüchtig nach dem berühmten Silberstreifen am kulturellen Horizont Ausschau halten.

Schlimmer noch. Wir merken nicht einmal mehr, daß uns der grassierende Amerikanismus in einen Zustand von Debilität versetzt hat, der uns als die Deppen der Weltgeschichte ausweist. Der überbordende Internationalismus hat unsere Sterilität nach besten Kräften gefördert. Es ist nun einmal eine Binsenwahrheit, daß große Kunst ohne Bodenhaftung gar nicht erst entstehen kann. Internationalismus produziert bestenfalls eine subalterne Mittelmäßigkeit, und auf diesem Niveau sind wir mittlerweile angelangt. Niemand rührt nur einen Finger, um diese geistige Immobilität zum Teufel zu jagen, wohin sie eigentlich auch längst gehört. Dabei sollte man nicht übersehen, daß der abschätzige Terminus "international" längst als Synonym für "amerikanisch" gehandelt wird. Ein Aufstand gegen die Zersetzer unter den Kulturterroristen wäre überhaupt die einzige Opposition, die heute zählen würde. Aber gegen soviel induzierte Dummheit kämpfen bekanntlich Götter selbst vergebens.

Im Grunde haben wir es uns selbst zuzuschreiben, daß wir täglich von einem wahren Trommelfeuer von Thrillern, Grusicals, Psychokrimis, Western, Micky-Mouse-Streifen, Sesamstraße und Hollywood-Seifenopern bis zum Überlaufen eingedeckt sind. Diese Sorte von Kulturkonsum hat inzwischen unser Organ für feinere und subtilere künstlerische Zwischentöne erheblich geschwächt. Auch unsere Kritikfähigkeit hat dabei merkbar Schaden genommen. Selbst das Gespür dafür ist uns abhanden gekommen, daß nicht enden wollende amerikanische Fernsehserien, die uns die nicht gerade noblen Eigenschaften der US-Gesellschaft mit allen unappetitlichen Details in unserem Heimkino vorführen, allesamt nach dem gleichen stereotypen Hollywood-Strickmuster verfertigt sind. Sie versuchen vielfach sogar Gemütstiefe vorzutäuschen, wo nur noch geistige Leere und Fadheit vermittelt werden.

Eigentlich hat die künstlerische Potenz der Angelsachsen nie besonders bemerkenswerte Blüten getrieben. Niemand kann nun einmal zwei Herren dienen. Es ist schon viel, die Herrschaft auf den Weltmeeren zu erkämpfen und zu behaupten. Einem Volk, das dazu disponiert ist, sich vorwiegend ökonomischen Fragen zu widmen, kann man nicht abverlangen, auch noch kulturell zu brillieren, nur sollte es soviel Selbstkritik üben, um die Leistung anderer auf diesem Gebiet zu respektieren und ausnahmsweise einmal ins zweite Glied zurückzutreten. Daß in den USA die geistige Aura fehlt, die schöpferischen Prozessen förderlich sein könnte, hatte schon Nikolaus Lenau bitter zu beklagen gehabt. Ähnlich ging es in unseren Tagen einer Gruppe russischer Dissidenten, die sich von den heimischen Miseren nach den USA absetzten, diesem Land aber wieder schleunigst den Rücken kehrten, weil sie in der sterilen Atmosphäre, die lauter Manager um sich verbreiteten, einfach nicht schöpferisch arbeiten konnten.

Die Deutschen, immer schon zu abrupten Pendelbe-

wegungen neigend, die ihre Umwelt oft genug vor un-
lösbare Rätsel stellten, haben sich nach 1945 sogar dazu
durchgerungen, den Jazz zu akzeptieren, der in Nazizei-
ten noch als Niggermusik abqualifiziert worden war.
Man machte aus der Not des totalen Zusammenbruchs
eine Tugend und hatte gegen diese trotz allem immer
noch fragwürdigen Musik-Importe keine durchschlagenden Argumente mehr parat. Vor allem die deutschen
"Kids", ohnehin nicht mehr in deutschen Kulturtraditionen verwurzelt, sind ganz der magischen Überredungs-
kunst dieser einfallslosen, nur noch rhythmischen "Musik" verfallen. Sie haben sich ganz auf Rock- und
Popmusik eingeschworen, während ihnen die ernste
deutsche Musik immer mehr ein Buch mit sieben Siegeln
zu werden scheint.

Der substanzlose "Hit", den sich amerikanische Gehir-
ne abgerungen haben, macht bei uns längst Furore, und
ihre Produzenten können sich auch bei uns zulande geradezu astronomische Auflageziffern für ihre "Singles"
ausrechnen. Angesichts dieses revolutionären Szenen-
wechsels ist all das, was einmal unter dem Rubrum
"Deutsche Kultur" der Öffentlichkeit vorgeführt wurde,
bestenfalls nur noch eine bläßliche Variante der amerikanischen "Kultur", die wegen ihrer entwaffnenden An-
spruchslosigkeit weitaus größere Chancen auf dem deutschen Markt haben konnte.

Zweifellos: die amerikanisch dominierte Pop-Kultur
hat unserer ausgelaugten Kultur ein neues, wenn auch
nicht gerade ein seriöses Air verliehen. Der einzige Beitrag Amerikas zur Weltkultur stellte quantitativ alles in
den Schatten, was Europäer einmal über Jahrhunderte

hin an Unvergleichlichem geschaffen hatten, und es besteht keine Aussicht darauf, daß in absehbarer Zeit einmal der befreiende Rundumschlag gegen diesen Generalangriff auf gewachsene europäische Traditionen erfolgen würde.

Eine neue Jugend hat nach bewährter Einreißermethode alle Brücken zum Alten hinter sich abgerissen und hat keine Ahnung, was sie damit angerichtet hat. Viele von ihnen empfinden sich bereits als waschechte Amis und haben sich von unseren Traditionen bedenkenlos abgenabelt. Im Grunde hat sich vor unser aller Augen so etwas wie eine Kulturrevolution abgespielt, die wir verschlafen haben, die uns aber früher oder später doch einholt, sollten wir uns auch noch so tief in unserer Vergangenheit verschanzen. Sicher ist in jedem Fall, daß unsere deutsche Kultur in den Verruf eines rettungslosen Hinterwäldlertums geraten ist, und daß jeder antiamerikanische Affekt als antiquiert mit einer unwilligen Handbewegung vom Tisch gefegt wird. Im Land der geborenen Opportunisten und Mitläufer hat man sich augenfällig darauf kapriziert, die amerikanische "Kultur" mit der ostentativen Befriedigung von Hedonisten, die nur noch an der Oberfläche des Lebens ein wenig schürfen, ohne Rücksicht auf die bereits absehbaren Folgen zu übernehmen.

Obwohl die Amerikaner von ihren Dauerkrisen geschüttelt sind und ihr kultureller Standard stark rückläufige Tendenzen aufweist, unterwirft sich auch das offizielle Deutschland immer widerstandsloser amerikanischen Verhaltensmustern, um "up to date" zu sein. Exemplarisch für diese helotische Unterwürfigkeit fungierte Ex-Kanzler Schmidt, als er bei der Verleihung der Ehrendoktorwürde einer US-Universität, das rhetorisch auf den Punkt brachte, was offenbar viele Deutsche empfinden: "Wir sind alle Amerikaner." Vielleicht wollte er sich mit diesem Ausrutscher nur für den "Gag" Kennedys revanchieren, der bekanntlich vor dem Schöneberger Rathaus etwas gequält von seinem Manuskript herunterlas: "Ich bin ein Berliner." Sich mit einem Land mit immerhin 18 Millionen Analphabeten zu identifizieren, stellt wahrscheinlich schon einen Gipfel an Geschmacklosigkeit dar.

Man kann nach so vielen Indizien nur noch achselzuckend zur Kenntnis nehmen, daß der alles beherrschende Kapitalismus der USA, der nicht gerade kunstfreundlich ist, die Weichen stellt und immer noch die Flöte bläst, nach deren Dissonanzen wir alle zu tanzen pflegen. Man ist sogar versucht, sich zähneknirschend einer langanhaltenden Resignation hinzugeben, wenn man hört, welche Zuschauerfrequenzen die seichten amerikanischen Musicals, die schließlich keinen essentiellen Gehalt für sich beanspruchen, in Hamburg, Stuttgart, Berlin und Bochum über Jahre hin einspielen. Davon können unsere Opernintendanten nur vage träumen.

Daß ausgerechnet unsere Generation dazu ausersehen ist, den Offenbarungseid der deutschen Kultur leisten zu müssen, gehört trotz Krieg und Nachkriegsmiseren zu den niederdrückendsten Erfahrungen unseres Lebens. Sollte man sich also damit abfinden, ständig gegen den Strom schwimmen zu müssen, solange der "American way of life" die Stunde beherrscht und die Verhaltensnormen einer verblödeten und systematisch neurotisierten Hammelherde liefert? Mit einer völlig unsensiblen

Cowboymentalität läßt sich keine neue Kultur aus einem ausgelaugten Boden hervorzaubern. Sie läßt sich nicht einmal mehr überzeugend verwalten. Ressentimentgeladene Intellektuelle, die ihre eigene Inseriosität unter rhetorischem Gemauschel verstecken möchten, genießen heute völlige Narrenfreiheit, unsere Theater in antimoralische Anstalten umzufunktionieren und alle echte Kunst zu verhunzen, um ihr schließlich den Fangstoß versetzen zu können.

Zu den bewährten Totschlagemethoden eines perfekten Seelenmordes gehören alle Versuche, unsere geistigen Höhenflüge auf das Format von Eintagsfliegen zurückzustutzen. Gebrauchskunst, sogenannte "Popularart", die uns in Gestalt von Comics oder Thrillern zum Fraße vorgeworfen werden, befriedigen weitgehend die Bedürfnisse unseres geistigen Haushalts. Walt Disney hat bereits weitgehend unseren unverwüstlichen Wilhelm Busch aus dem Rennen geworfen, obwohl der Deutsche dem Amerikaner um Klassen überlegen ist. Vieles von dem, was in den USA als Kunst vermarktet wird, verdient das Papier oder das Zelluloid nicht, auf dem es auf eine entzauberte Welt losgelassen wird. Immerhin besitzen diese künstlerischen Windeier doch das unschätzbare Verdienst, Brutalität und Verkommenheit der amerikanischen Gesellschaft rücksichtslos zu entlarven.

Die "metaphysische Nation", als die Madame de Staël uns sehen wollte, scheint sich unter der Dauerberieselung amerikanischer Fernsehserien à la Dallas oder Denver in einen Haufen hartgesottener Pragmatiker verwandelt zu haben. Sie hat sich, indem sie etwa dem idiotischen Charme eines Michael Jackson zum Opfer fiel, sich selbst zu kultureller Zweitrangigkeit verdonnert. Ein Amerikaner, der sich noch genügend Objektivität erhalten hatte, um die Geistesverfassung seiner Landsleute auf den Punkt zu bringen, gelangte daher zu der Einsicht: "Der Rhythmus des Rock and Roll ist eindeutig ein Mittel, mit dem der weiße Mann auf das Niveau eines Niggers befördert werden soll."

Werden wirklich einmal Künstler aus dem amerikanischen "Melting pot" ins Rampenlicht der Öffentlichkeit emporgeschwemmt, so werden sie schon nach relativ kurzer Zeit vom Management gnadenlos verschlissen. Marilyn Monroe, Elvis Presley oder Billy Holiday sind Paradebeispiele dieses kommerziellen Trends, der unbarmherzig mit Menschen verfährt. Auch die meisten amerikanischen Schriftsteller von Rang landeten beim Alkohol oder in der Gosse.

In den Naturwissenschaften hätte man ohne deutsche, russische oder japanische und chinesische Importe kaum Ungewöhnliches zuwege gebracht. Atomphysik und Raumfahrt sind vor allem eine deutsche Domäne geblieben. Als die Deutschen bei der NASA ausstiegen, häuften sich die Pannen. Wissenschaftliche Akribie ist offenbar nicht die Sache der Yankees. Dagegen schlug deutsche Präzision immer erfolgreich zu Buche. Und daß die amerikanischen Straßenkreuzer bereits im fabrikneuen Zustand reparaturbedürftig sind, hat sich schnell herumgesprochen. Kein Wunder, daß immer mehr, vor allem Schrott und Altpapier, den New Yorker Hafen verlassen.

Alles, was sich noch unter dem Begriff deutscher Kultur zusammenfassen läßt, scheint heute nicht nur dem

Desinteresse, sondern der Verachtung unbedarfter Zeitgenossen ausgeliefert zu sein. Man hat sie der Jugend nach Strich und Faden vermiest. Das übrige besorgte die magische Anziehungskraft der alles nivellierenden Pop-Kultur. Die Verteufelung unserer großen Kulturtraditionen gehört zu den Strategien des gegen uns initiierten Seelenmordes, der uns endgültig aus der Geschichte katapultieren soll.

Solange ein noch so moderater Antiamerikanismus als ein Vehikel der Selbstverteidigung als Sünde gegen die sogenannte "Political correctness" mit gesellschaftlicher Ausgrenzung geahndet wird und der Staatsterrorismus hierzulande alle Apologeten nationaler Werte kaltlächelnd abwürgt, kann man den letzten Deutschen nur ein tiefempfundenes Beileid aussprechen. Sie brauchen sich nichts weiszumachen: sie stehen mit dem Rücken zur Wand. Man denkt nicht mehr deutsch, und man wird bald auch nicht mehr deutsch empfinden. Man spricht immer weniger die Sprache unseres Landes, und alles, was unser Kulturmanagement uns noch anzubieten hat, dient nur noch den bescheidenen Ansprüchen Zukurzgekommener, die ihre kulturellen Ansprüche mit allem, was aus den Giftküchen Amerikas an uns verhökert wird, ausreichend befriedigt sehen.

Der Verlust der Sprache

Die bekannte Tatsache, daß das Anpassungsvermögen der Deutschen an alles Fremde zuweilen geradezu aufregende Volten geschlagen hat, sollte wieder einmal die Alarmglocken bei uns zulande so schrill wie nur möglich ertönen lassen. Auch der letzte deutsche Krähwinkler sollte begreifen lernen, daß es kein Kinderspiel ist, wieder neuen Boden unter die Füße zu bekommen, wenn die letzten Spuren nationaler Selbstverwirklichung unwiderruflich im Sande verrinnen.

Das Volk der Mitte, fremdenfreundlich wie kein anderes und leider allzu unbedenklich für alle Einflüsse aus allen Weltregionen geöffnet, schwebte immer schon in Gefahr, von allen zufälligen Strömungen des Zeitgeistes davongeschwemmt zu werden und seine Identität, kaum daß sie einmal mühsam genug errungen war, wieder leichtfertig zu verspielen. Die geheimen Verführer sind nämlich immer und überall in diesem seltsamen Lande unterwegs und stimmen dabei ihre nicht gerade harmonischen Sirenengesänge an, um die Deutschen um ihre seelische Balance zu bringen.

Traut man sich, einmal unbefangen in unsere verunzierte Geschichte zurückzublicken, so stellt sich heraus, daß es immer schon Epochen einer geradezu selbstmörderischen Überfremdung der Deutschen gegeben hat, aus denen sie sich in stets neuen heroischen Anstrengungen emporrappelten. Heute fühlt man sich unwiderstehlich an die Zeit nach dem Dreißigjährigen Krieg verwiesen, als auch eine horrende Sprachverwilderung einsetzte und die geistig und moralisch ausgelaugten Deutschen sich in einer spontanen Französelei gefielen, gegen die lange Zeit kein Kraut gewachsen war.

Diese Modewelle des Französischen reichte bekanntlich bis in die Tage Friedrichs des Großen hinein, dessen illustrer Staatsgast Voltaire sich nicht verkneifen konnte, sich über die alles nachäffenden Deutschen zu mokieren. Aus seinem Potsdamer Refugium mit dem zeittypischen Namen Sanssouci gab er mit echt gallischer Arroganz zum besten: "Ich befinde mich mitten in Frankreich, man spricht hier unsere Sprache. Das Deutsche ist nur für Soldaten und die Pferde." Analog dazu könnte ein in unser Land verschlagener amerikanischer Schriftsteller seinen Angehörigen daheim Ähnliches berichten, nur daß es diesmal das Amerikanische ist, das in Deutschland die einfältigen Gemüter ein wenig umnebelt hat.

Ein gravierender Unterschied besteht allerdings zwischen dem heutigen Verrat an unserer Sprache und der damaligen Französelei: Damals gab es immerhin noch einige resolute Deutsche, die ihre ganze nicht unerhebliche Autorität in die Waagschale warfen, um ihre so leicht für alles Fremde verführbaren Landsleute doch wieder zur Räson zu bringen. Sie mochten damals schon begriffen haben, daß man über ein Volk das sichere Todesurteil ausspricht, wenn man ihm seine Sprache nimmt.

Was wir heute so schmerzlich vermissen, das ist die Zivilcourage geradezu lutherischer Bekenner, die im Notfall bereit wären, auch unter Preisgabe materieller Vorteile und einem gesellschaftlichen Prestigeverlust Farbe zu bekennen. In jenen Jahren, in denen man ebenfalls gerade eine nationale Katastrophe apokalyptischen

64

Ausmaßes überstanden hatte, gründete man Sprachgesellschaften, die der sich anbahnenden Verhunzung unserer Sprache entschlossen entgegensteuerten. Herausragende Namen wie Philipp von Zesen oder Joachim Hinrich Campe sind dann auch rechtens in unsere Geistesgeschichte eingegangen. Sie haben sich bleibende Meriten um die Erhaltung unserer Sprache erworben. Der Dichter Martin Opitz überzeugte seine Zeitgenossen von der besonderen Erlesenheit ihrer Sprache, der Klopstock dann bald schon wieder einen besonderen dichterischen Glanz verleihen sollte.

Dergleichen ermutigende Initiativen sind im heutigen Deutschland gar nicht erst vorstellbar. Man läßt die Dinge laufen, wie sie laufen, und sie nehmen einen miserablen Fortgang, wie man heute schon sagen kann. Man wird sich, wenn auch zähneknirschend, daran gewöhnen müssen, in der ungesteuerten Sprachverhunzung eine gefährliche Variante unseres offenbar unsterblichen Untertanengeistes zu erblicken. Eine natürliche Würde im Umgang mit unseren geistigen Gütern war unsere Sache eigentlich nie. Nun aber überschlägt sich die deutsche Selbstverleugnung in einem Maße, das eigentlich schon die Toleranzgrenze eines gesunden Volkes bei weitem überschreiten würde.

Bei der Infiltrierung dämlicher Amerikanismen in unserem Sprachschatz wirkt sich selbstredend vor allem der Einfluß unserer ferngesteuerten Medien höchst negativ aus. Die deutsche Journaille hat eigentlich niemals viel Rückgrat bewiesen. Die Schmocks unter den Meinungsmachern lancierten sich immer schon ins grelle Rampenlicht. In unserer heutigen Meinungsdiktatur sind für sie herrliche Zeiten angebrochen. Jedenfalls leisten sie am Abbruchunternehmen Deutschland ganze Arbeit. Sie haben, gelinde gesagt, nichts dagegen einzuwenden, wenn unser ehrliches Deutsch immer mehr von der Coca-Cola-Sprache aus Übersee abgelöst wird, die viele Deutsche, die sich noch ein natürliches Sprachgefühl erhalten haben, bestenfalls als eine chronische Geschmacksverirrung abzuhaken sich angewöhnt haben. Diese pejorative Einschätzung hat mit Zynismus nichts zu tun.

Für unsere sogenannte Intelligenz handelt es sich allemal um einen Akt ihrer internationalen Solidarität, mit den aus fernen Weltregionen zugelaufenen Wölfen zu heulen, wenn sich ihr Wolfsgesang auch schaurig anhört. Sie braucht keine geistigen Positionen zu räumen, weil sie sich immer nur im Brackwaser einer seichten Mediokrität bewegt hat, und findet es offenbar ganz in der Ordnung, wenn inzwischen auf internationalen Kongressen ungarische, polnische und tschechische Gelehrte ihre Gedanken in Deutsch vortragen, während ihre deutschen Kollegen dem billigen Ehrgeiz frönen, auf schlecht Amerikanisch zu radebrechen.

Der Leiter der Duden-Redaktion, Professor Drosdowski, kommentiert dieses Verhalten dementsprechend auch so: "Immer mehr Wissenschaftler geben in unseren Tagen ihre Loyalität gegenüber der deutschen Sprache auf, obwohl die deutsche Sprache eine voll ausgebildete Kultursprache ist, allen Anforderungen gerecht wird, auch die Aufgaben erfüllt, die ihr Wissenschaft und technischer Fortschritt stellen. Nicht nur Chemiker und andere Naturwissenschaftler, sondern auch Geisteswissenschaftler wandern – meist aus Imponiergehabe oder um höhere Zitierquoten zu erreichen – in großen Scharen ins Englische aus. Sie publizieren in Englisch, halten ihre Vorträge in englischer Sprache, sie machen die Ergebnisse ihres Forschens unserer Gesellschaft nicht mehr in Deutsch zugänglich."

Beschämend das alles natürlich schon; aber im miefigen geistigen Klima hierzulande wird keiner erwarten, uns schlüge ein neuer Friedrich von Logau seine griffigen Aphorismen um die Ohren. Dieser wackere Schlesier wußte wie viele andere damals, daß mit der Sprache auch das Volk Kontur und Farbe verlieren würde, und diese Einsicht dürfte unserer politischen Klasse trotz aller sonstigen Unbedarftheit auch nicht so ganz und gar entgangen sein.

Die Aktualität Logaus steht außer Frage, wenn er drauflos dichtete: "Anders sein und anders scheinen, / Anders reden, anders meinen, / Alles loben, alles tragen, / Alles heucheln, stets behagen, / Allem Winde Segel geben, / Bös' und Guten dienstbar leben, / Alles Tun und alles Dichten / Bloß auf eignen Nutzen richten, / Wer sich dessen will befleißen, / Kann politisch heuer heißen."

Sage nun bloß noch einer, Ben Akiba habe Nonsens dahergeredet, als er darauf bestand, es wäre alles schon einmal dagewesen. Eben deshalb gibt uns die Tatsache der deutschen Wiedergeburt nach der Flaute nach dem Dreißigjährigen Krieg doch berechtigte Hoffnung, auch gelegentlich einmal aus diesem Sud von Mittelmäßigkeit herauszugelangen.

Auch der jung verstorbene Poet Paul Fleming aus Sachsen richtete in seinem Traktat über die "Änderung und Furchtsamkeit itziger Deutschen" eine gepfefferte Philippika an alle "Namensdeutschen", die es also auch damals schon auf deutschem Boden gegeben haben muß.

"Gleichwohl wäre es ewig Schande, wenn unsere Haupt- und Heldensprache dergestalt durch unsere Fahrlässigkeit zugrunde gehen sollte, so fast nichts Gutes schwanen dürfte, weil die Annehmung einer fremden Sprache gemeiniglich den Verlust der Freiheit und ein fremdes Joch mit sich geführt hat", ereiferte sich auch der große Leibniz angesichts seiner deutschen Zeitgenossen, die wieder einmal in lauter Lethargie zu versacken drohten. "Es würde auch die unvermeidliche Verwirrung bei solcher Übergang zu einer neuen Sprache hundert und mehr Jahre überdauern, bis alles Aufgerührte sich wieder gesetzt und wie ein Getränk, das gegoren, endlich aufgeklärt ist. Inzwischen müssen von der Ungewißheit im Reden und Schreiben notwendig auch die deutschen Gemüter nicht wenig Verdunkelung empfinden, weil die meisten doch die Kraft der fremden Worte eine lange Zeit über nicht recht fassen, also leben schreiben und übel denken würden, wie denn die Sprachen nicht anders als bei einer einfallenden Barbarei und Unordnung oder fremder Gewalt sich merklich verändern."

Wie man damals sich bedingungslos der französischen Kultur öffnete, so möchte sich heute jeder auf den Spuren unserer nichtssagenden Schickeria bewegen und an der modischen Anglomanie partizipieren, um bloß nicht zum alten Eisen geworfen zu werden. Auch unsere Schulpolitik leistet sich nicht nur dauernd Scheingefechte mit unserer Tradition, sie meint es vielmehr bitter ernst mit ihrer Disqualifizierung alles Deutschen. Man veranstaltet auf den Rücken der Schüler wahre Trommelfeuer für alles Amerikanische. Für neudeutsche Lehrer, für die ein Bekenntnis zu den destruktiven Ideologien der Frankfurter Schule Ehrensache ist, versteht sich die Entnationalisierung als ein kategorischer Imperativ, den sie mit der tierischen Besessenheit von modernen Flagellanten zu erfüllen haben. Daß wir dabei sukzessiv auf das Niveau von Neandertalern heruntersacken, schert sie einen Dreck.

"Ich muß bekennen", schrieb sich hingegen unter ähnlichen Verhältnissen Leibniz vom Herzen, "es ist leider dahingekommen, daß man vielleicht, solange Deutschland steht, nie darin undeutscher und ungereimter geredet hat. Ich rufe zu Zeugen an, was uns die halbjährigen Messen hervorbringen; darin ist oft alles auf eine so erbärmliche Weise durcheinandergeworfen, daß manche sogar nicht einmal zu erwägen scheinen, was sie schreiben. Ja, es scheint, manche dieser Leute haben ihr Deutsch vergessen und französisch nicht gelernt. Wollte Gott, es wäre jedesmal unter zehn solcher fliegenden Papiere eines, das ein Fremder ohne zu lachen, ein Patriot ohne Zorn lesen könnte!"

Einen auch nur annähernd so exzessiven Ausbruch lutherischen Zornes wird man bei heutigen Intellektuellen kaum noch zu erwarten haben. Nach jahrzehntelanger Seelenmassage durch vorwiegend amerikanische Umerzieher haben sie auch noch ihre letzte geistige Verve eingebüßt und sich in bundesdeutsche Nettigkeit eingeübt. Die sprachliche Kolonisierung, hat man den Eindruck, ist inzwischen erfolgreich abgeschlossen, und wer

in der Handhabung des deutsch-amerikanischen Mischidioms noch Mängel aufweist, setzt sich dem Verdacht
aus, ein sturer und renitenter Faschist zu sein, den man
ohne viele Umstände aus der Gesellschaft total ange-
paßter Deutscher auszuscheiden hat. Während man nicht
ohne Genugtuung liest, daß in Osteuropa das Erlernen
der deutschen Sprache eine Frage der bürgerlichen Reputation und des beruflichen Erfolges ist, entwickelt man
hierzulande einen rattenhaften Eifer, wie auf eine gehei-
me Weisung hin unsere Sprache immer mehr aus dem
Verkehr zu ziehen.

Auch Österreich scheint diesen verdächtigen Eifer mit
uns zu teilen. Man traute seinen Augen kaum, als man
kürzlich einen Vorschlag des Wiener Kultusministers zu
lesen bekam, der darauf insistiert, in Zukunft doch bitt-
schön Englisch als Unterrichtssprache in den Schulen
einzuführen. Offenbar will man in diesem Lande den
Umgang mit unserer Muttersprache den türkischen
Müllkutschern überlassen.

Die Sprache Goethes und Hölderlins ist heute, wie
man sieht, offenbar ernstgemeinten Attacken ausgesetzt,
die gegen ihre innerste Substanz gerichtet sind. Im Zuge
eines allgemeinen Denationalisierungsprozesses rückt
man auch der Sprache massiv zu Leibe. Innerhalb des
allgemeinen staatlich gelenkten Verblödungsprozesses
wird sie wie eine Sache behandelt, "die nicht des Schut-
zes des Gesetzes wert ist, den sonst jeder Misthaufen
genießt" (Arthur Schopenhauer). Immerhin hat sie sich
als ein nützliches Vehikel herausgestellt, um unsere Me-
tamorphose zu einem ethnisch bunt gemischten Termi-
tenhaufen zu beschleunigen.

Unsere Nachbarn zur Linken haben sich von der Angebersprache des angelsächsischen "Quatschsprech" nicht ins Bockshorn jagen lassen. Es reicht ihnen bereits, daß von den Filmen, die ihnen zugemutet werden, 85 Prozent ihren Ursprung der auf vollen Touren arbeitenden amerikanischen Filmindustrie zu verdanken haben. Man hat es ihrem nationalen Selbstbehauptungswillen zuzuschreiben, daß sie die Quote der französischen Filme auf 35 Prozent emporgehievt haben. Die gleiche deutsche Quote liegt, zu unserer Schande nebenbei gesagt, bei nur acht Prozent.

Bei den für ihre Sprache eingeleiteten Schutzmaßnahmen verfahren die Franzosen dezidiert nach der Überzeugung, daß immer dann, wenn eine fremde Sprache bei einem Volk an Einfluß gewinnt, auch die politische Unterwerfung nur noch eine Frage der Zeit ist. Man hat in Paris also durchaus etwas gegen den heute in Intellektuellenkreisen kultivierten kosmopolitischen Liberalismus des Laisser-faire Entscheidendes einzuwenden. Man glaubt dort nicht nur, daß dieser Liberalismus, wie er in der Sprache der Journalisten, Moderatoren oder Werbetexter zu Tode geritten wird, die Völker über kurz oder lang zugrunde richtet, man weiß es sogar und handelt deswegen, ohne viel Zeit zu verlieren, und klopft allen gehörig auf die Finger, die ihrer Sprache empfindliche Tiefschläge versetzten.

Die Pseudointellektuellen und Halbgebildeten in unseren Funkhäusern und Redaktionen können hingegen ihre sprachliche Fremdentümelei ungestört bis zum Exzeß betreiben. Das tun sie dann auch ausgiebig. Da sie nicht mehr deutsch empfinden, kultivieren sie ihre Animosität gegen unsere Sprache und halten mit ihrer Abneigung auch keineswegs hinter dem Berg zurück. Selbst unsere hochdotierten Akademien wollen sich angesichts des sukzessiven Werteverfalls unserer Sprache nicht die Finger verbrennen und wegen Deutschtümelei in die faschistische Ecke bugsiert werden, in die alle verfrachtet werden, denen man Gelegenheit bieten will, über ihr dämliches nonkonformes Verhalten einmal in aller Ruhe zu reflektieren. Da alle anderen auf ihre einstudierte Schickimicki-Pose nicht verzichten möchten, treibt unser aller Sprache offenbar auf höhere Weisung hin ihrem Ende zu.

Leider gehen auch staatliche Institutionen wie Bahn und Post den Sprachverhunzern mit miserablem Beispiel voran. Das in ihren Werbetexten verwandte und mit amerikanischen Sprachbrocken versetzte Kauderwelsch fällt zwar auf weite Strecken hin unter die Kategorie des unfreiwilligen Humors, aber dergleichen Sperenzchen waren sicher nicht beabsichtigt. Die im Hintergrund wirkenden Verursacher dieser makabren Spiele wissen nur allzu gut, was sie gegen uns im Schilde führen. Wenn sie schon nicht minuziös den Auftrag obskurer Hintergrundgestalten erfüllen, uns aus der Geschichte hinauszukatapultieren, so erzielen sie sogar unbewußt eine auf die Dauer ähnliche Wirkung.

Da man auch auf unseren Schulen sich gehörig ins Zeug legt, den Schülern den Umgang mit ihrer Muttersprache nach Strich und Faden zu vermiesen, erfüllt man zugleich einen Bildungsauftrag, der dem allgemeinen Verblödungsprozeß der Deutschen höchst förderlich ist. Kein Wunder, daß man sich auch in dieser Hinsicht zunehmend amerikanischen Zuständen annähert, und das hat uns gerade noch in dieser Republik gefehlt, die immer mehr das Air eines gut frequentierten und reichlich von Ausländern heimgesuchten Irrenhauses hinterläßt.

Man entsinnt sich, daß Präsident George Bush sich 1989 gezwungen sah, eine Initiative gegen das Analphabetentum im Lande zu starten. Überhaupt war Bush ins Weiße Haus eingerückt, um als Präsident einer Bildungsreform an Haupt und Gliedern in die Geschichte seines Landes einzugehen.

Als man ihn nach vier Jahren abwählte, war er nicht nur ein gescheiterter Bildungspolitiker, den man in die Wüste schickte, auch sein Feldherrnruhm aus dem Golfkrieg war in lauter deklamatorischen Rauch aufgegangen und hatte nur einen unangenehmen Geruch hinterlassen.

Offenbar versuchen die als Kulturnation in die Bredouille geratenen Amerikaner, den Deutschen die Restbestände ihrer Cowboy-Kultur unterzujubeln. Wann werden die wackeren "Krauts" endlich kapieren, daß eine vorsätzlich durchgeführte sprachliche Überfremdung bereits den Tatbestand eines schleichenden Ethnozids erfüllt? Immer noch handelt es sich nur um eine Handvoll versprengter Patrioten, die den Löwenmut aufbringen, um die amerikanische Krankheit, deren Virus rings um die Welt verbreitet ist, beim rechten Namen zu nennen. Soviel steht jedenfalls fest: Wenn nicht bald etwas geschieht und wir uns wie die Japaner der Aufweichung unserer Sprache mit unmißverständlicher Entschlossenheit zur Wehr setzen, finden wir uns auf dem Aussterbeetat wieder.

Das rapide zunehmende religiöse und kulturelle Analphabetentum auch in unserer amerikanischen Kolonie ist einer der folgenreichsten Schritte auf dem Wege zur Kapitulation vor einer Wildwest-Mentalität, die wir am Ende aller Tage vielleicht doch verdient haben, da wir nichts Durchschlagendes unternahmen, um diese Pest von uns abzuwehren, sondern es vorzogen, in den Dauerschlaf von selbstzufriedenen Hedonisten zu versinken und anderen die Drecksarbeit zu überlassen. Selbst in der entlegensten Provinz hat der amerikanische Slang Wurzeln geschlagen, und jeder Schüler, der sich mit dem Buchstabieren deutscher Wörter noch schwertut, überspringt relativ mühelos die Klippen dieser Kaulquappensprache, deren Fetzen einem in diesem "Little America" nur so um die Ohren fliegen.

Die kontinuierliche Zersetzung unserer Sprache und die Adaption einer im ganzen eben doch unansehnlichen Coca-Cola-Kultur, die man uns um jeden Preis wie sauer Bier aufschwätzen möchte, stellen nur eine besonders perfide Facette des amerikanischen Kulturimperialismus dar, dem die Neudeutschen nur mit einer sträflichen Indifferenz begegnen. Offensichtlich fühlen sie sich längst als mündige Bürger einer amerikanischen Provinz, deren Amerikanisierung täglich Fortschritte macht. Man radebrecht nicht nur eine mit Amerikanismen gespickte Sprache, sondern beginnt bereits, amerikanisch zu denken und natürlich auch zu handeln. Der "American way of life" hat unser einmal vorhandenes Gemeinschaftsgefühl in eine soziale Kälte verwandelt, die offenbar sogar unseren dickhäutigen Kanzler zu irritieren scheint. Vielleicht ist er so begriffsstutzig, daß er wirklich noch nicht mitbekommen hat, wem wir diese katastrophale Veränderung des inneren Klimas zu verdanken haben.

Wer sich einzureden versucht, das immer ein wenig provinziell anmutende Volk der Dichter und Denker hätte mit der bedenkenlosen Bastardisierung der eigenen Sprache an Weitläufigkeit zugelegt, sieht sich getäuscht. Der Sprachverfall ist nun einmal nicht vom allgemeinen Kulturverfall zu trennen, der allerdings inzwischen, wie jedermann weiß, alarmierende Ausmaße angenommen hat und uns als Kulturvolk glatt disqualifiziert. Leider kann man angesichts des fehlenden Widerstandes gegen jede Erscheinungsform des Nivellierens und Plattmachens noch bestehender Werte den Verdacht kaum noch verdrängen, bei den Kulturträgern in diesem Lande habe es sich eigentlich immer schon nur um eine hauchdünne Schicht von Hamletnaturen gehandelt, von denen keine geballten Abwehrkräfte gegen den Ausverkauf unserer Kultur zu erwarten waren.

Wer denkt noch daran, auf die Barrikaden zu klettern, um an deutschem Kulturgut zu retten, was überhaupt noch zu retten ist? Man möchte sich um jeden Preis auf der Höhe der Zeit bewegen. Dazu gehört auch, daß man jede Modetorheit unbesehen mitmacht, auch wenn es sich dabei um Sein oder Nichtsein des eigenen Volkes handelt. Angesichts des uns bevorstehenden Maastricht-Coups, der durchaus die Qualität eines kaum noch zu kaschierenden Völkermordes besitzt, wendet man sich wieder Ernst Moritz Arndt zu, der sich als ein altes deutsches Gewissen verstand und daher seinen Landsleuten immer wieder einhämmerte: "Ein geistigeres und innigeres Element als die Sprache hat ein Volk nicht. Will ein Volk also nicht verlieren, wodurch es Volk ist, so hat es auf nichts so sehr zu wachen, als daß ihm seine Sprache nicht verdorben und zerstört werde."

Der große Seelenmord

Der schleichende geistige Tod, der ganze Völker zur Kapitulation vor der Geschichte zwingt, ist für die Geschichtsschreibung bisher offenbar kein Thema gewesen. Man hat sich bei Behandlung des Themas "Völkermord" auf den bloß militärischen Genozid beschränkt, für den es genug makabre Beispiele gibt, die das Interesse der Historiographie ausgiebig beanspruchen.

Bei uns zulande gehört es leider zu den Grundregeln der "Political correctness", über den Prozeß geistiger Entwurzelung und den Verlust der nationalen Identität gar nicht erst einen einzigen seriösen Gedanken zu verlieren, obwohl es längst an der Zeit wäre, massive Abwehrreaktionen gegen unseren Austritt aus der Geschichte zu entwickeln.

Daß wir hart angeschlagenen Fußkranken der Völkerwanderung durch die Machinationen des Bonner Marionettenregimentes auf direktem Wege einer internationalen Einheitskultur zugeführt werden sollen, versetzt uns scheinbar nicht mehr sonderlich in Verwunderung, wenn unser Totalausverkauf auch bereits konkrete Formen annimmt. Wo sich verbal Widerstand gegen unsere sich klar abzeichnende Liquidierung zu regen beginnt, wird er als unqualifiziertes Gewäsch provinzieller deutscher Stammtische verlästert.

Da uns der Materialismus fest im Griff hat und alle Ansätze einer nationalen Renaissance in diesem pseudodemokratischen Land rücksichtslos niedergetrampelt werden, kann sich die Bonner Regierung in auffälliger

Geschlossenheit in Ermangelung einer echten Opposition zur Ruhe begeben. Sie ist sich offenbar ihrer Sache sicher, daß die Einbindung dieses Landes in einen ethnisch bunt gewürfelten europäischen Bundesstaat geradezu komplikationslos über die Bühne gehen wird. Trotz des unmißverständlichen Widerstandes von etwa drei Viertel der widervereinigten Deutschen schenkt man sich in echt demokratischer Manier ein Referendum. Der Verlust der eigenen harten Währung leitet bereits ein europäisches Trauerspiel ein, das auch die Entvolkung der Deutschen und die Verwandlung ihres Territoriums in einen multiethischen Konfliktherd im Stile des ehemaligen Jugoslawien vorsieht. Hochentwickelte Kulturen sollen gnadenlos niedergewalzt werden. Eine nichtssagende "One-world-culture", die man uns um jeden Preis aufschwatzen will, weil man der Illusion aufsitzt, in ihr wären alle Menschen im Sinne Schillers Brüder, soll ein Europa der Vaterländer ersetzen, obwohl die sich anbahnenden nationalen Konflikte längst vorprogrammiert sind. Die Weisheit der verschaukelten Völker lehnt in frappierender Übereinstimmung diesen eiskalt kalkulierten Überraschungscoup ab.

Dieser beabsichtigte Abriß wertvoller und unverzichtbarer Kulturfassaden sollte bei allen Betroffenen längst Alarmstufe eins ausgelöst haben, ehe moderne Barbaren zum Kreuzzug aufbrechen können, unser Land in eine einzige ethnische Mondlandschaft zu verwandeln. Am Ernst der Situation besteht überhaupt kein Zweifel mehr, doch scheinen die Völker in eine tiefe Apathie versunken zu sein. Jedenfalls nehmen sie bisher die Auszehrung ihrer Kultur nur mit achselzuckender Resignation zur

Kenntnis. Man hat ihnen schon das Mark aus den Knochen gesogen.

Bei Durchführung des an uns ungeliebten Deutschen geplanten Seelenmordes, brauchen sich die Völker unter Anleitung der Amerikaner nur der ausgiebig erprobten Ausrottungsmechanismen zu bedienen, die man bereits mit erstaunlichem Erfolg an 60 Millionen Indianern erprobt hat. In unserem scheinbar so aufgeklärten Jahrhundert gelangt man wahrscheinlich schon auf eine lautlosere und unblutigere Methode zu dem Ergebnis, die Deutschen auf Nimmerwiedersehen aus der Weltgeschichte verschwinden zu lassen. Man braucht nicht einmal die von amerikanischen Juden ernsthaft ins Gespräch gebrachte Sterilisation von 80 Millionen Deutschen, natürlich im Namen einer höheren Menschlichkeit, zu ventilieren. Man weiß sich heute ungemein geschickter aus der Affäre zu ziehen.

Natürlich hat die Adaption der vorwiegend destruktiven amerikanischen Kulturmodelle allerhand dazu beigetragen, den europäischen Degenerationsprozeß zu beschleunigen. Vor allem die fidel draufloslebenden Kolonialdeutschen hinterlassen nach ihrer schwindelerregenden Kehrtwende von einem überzogenen Nationalismus zu einem nicht weniger radikal praktizierten Nationalmasochismus das Gefühl, es bereite ihnen keinerlei Schwierigkeiten, ihre hochrangige Kultur gegen eine seichte Zivilisation einzutauschen, wenn nur ökonomisch ein Stück Wachstum für sie dabei herausspringen würde.

Unsere bieneneifrigen Umerzieher, die uns nun endlich auch geistig kastrieren möchten, wissen genau, wie sie ihre Entnationalisierungstendenzen erfolgreich verwirklichen können. Sie hätten allerdings auch kaum je gelehrigere Schüler für ihre perfiden Pferdekuren finden können als die Deutschen der Nachkriegsära, die sich als reuige Sünder bei jeder Gelegenheit vorführen ließen und in Sack und Asche durch die Weltgeschichte schlichen, obwohl sie eigentlich nur sechs grausame Jahre lang ihre verdammte deutsche Pflicht und Schuldigkeit getan hatten. Kein Beutedeutscher, der auf seine gesellschaftliche Reputation mehr versessen war als auf eine würdige Haltung gegenüber den Besatzern, dürfte sich einfallen lassen, undiszipliniert aus der Rolle zu fallen und einem scheinbar antiquierten Nationalismus zu frönen. Der Verdikt unverzeihlicher Deutschtümelei galt als extrem karriereschädigend. Als Überlebenskünstler mit einem bemerkenswert elastischen Gewissen hatte man den immer dankbaren Part eines Kosmopoliten vom Dienst zu übernehmen, der am liebsten die gesamte Menschheit als lauter Brüder an seine ordensgeschmückte Brust drücken möchte.

Im gleichen Maße, in dem man dem eigenen Volke mit ganzen publizistischen Breitseiten zu Leibe rückt, betreibt man neben einer modischen Inländerfeindschaft auch eine gepflegte Fernstenliebe, mit der man natürlich immer mehr Eindruck schinden kann, als wenn man mit der Caritas in den eigenen vier Wänden ansetzen würde. Mit Spenden für hungerleidende Heidenkinder in afrikanischen Steppen, die man in Wüsten vergammeln läßt, kann man selbstredend mehr imponieren und sich als großherziger Wohltäter auf eine spektakuläre Weise profilieren, als wenn man sich der verschämten Armen im eigenen Lande annehmen würde.

Alles Exotische hat für verträumte deutsche Provinzler immer schon einen höheren Stellenwert besessen. Daran wird sich auch nicht viel ändern, solange wir dem etwas dümmlichen Ehrgeiz frönen, den Zeitgeist zu poussieren, um sich ganz auf der Höhe der Zeit zu bewegen. Nationalgefühl wird kurzerhand ersatzlos hinwegrationalisiert. Er würde neudeutschen Karrierefetischisten nur hinderlich im Wege stehen. Auf dem Vormarsch in die multiethnische Gesellschaft muß man viel antiquierten Ballast abwerfen und einen Modernitätsrückstand aufholen, um überhaupt ernst genommen zu werden.

Der total amerikanisierte und computergesteuerte Erfolgsmensch mit unverkennbaren Managerqualitäten oder das auswechselbare Glamourgirl made in Hollywood sind auf uns angesetzt, um seelische Substanz abzubauen. Auch den Flirt mit der Technik kann man unter diesen Aspekten als eine Facette mehr auf der oppulenten Palette moralischer Defizite betrachten. Sie alle signalisieren bereits einen sterilen Intellekt, bei dem es sich vorwiegend um abgestorbenen Geist handelt. Man vertritt in Washington und an der Wallstreet die ernstgemeinte Auffassung, nur ein seelisch verkümmerter Deutscher könnte auch nur ein guter Deutscher sein. Von ihm läßt sich wenigstens annehmen, er würde das Brot devot aus der Hand dessen essen, der ihn mit Fußtritten traktiert, will sagen: der ihn mit der optimalsten Deutschenhetze eindeckt.

Heilsamer Widerstand gegen den infamen Schlußverkauf unserer Kultur regt sich indessen an keiner Stelle dieses Landes. Die vereinzelten Kassandrarufe versprengter Patrioten verhallen in einer Wüste von sträflicher Gleichgültigkeit. Auch diejenigen, die den Ohnmächtigen und Ratlosen in diesem Lande Stab und Stütze sein könnten, bringen kaum noch den Mut zur Wahrheit auf, der heute mörderisch zu sein pflegt. Wer möchte sich schon gern zwischen alle Stühle plazieren oder sich gar in die Nesseln setzen? Männer, die wirklich etwas zu sagen haben, sind heute eine Rarität geworden. Man hat sogar seine angestammten Bürgerrechte im inneren Reich der Deutschen aufgegeben und sich der Debilität amerikanischer Flachköpfe ausgeliefert. Die egalitären Denkschablonen für unbedarfte Weltbürger reichen völlig aus, um sich in einer immer chaotischer werdenden Welt zurechtzufinden. Wen der Teufel reitet, darüber noch weitere Reflexionen anzustellen, spielt mit dem Feuer. Nonkonformisten werden bei uns so wenig wie im Land der kollektiven Zwänge geduldet. Man jagt sie ganz einfach, bis ihnen die Luft ausbleibt. Und dann: Man kann sich unmöglich mit einem überflüssigen philosophischen Ballast belasten, wenn man zum großen Rennen auf den allmächtigen Dollar antritt.

Wie die gebeutelten Deutschen sich jemals wieder aus dem Dilemma eines vorsätzlich an ihnen vollzogenen Ethnozids herauswinden wollen, steht allein in den Sternen. Im Zeichen einer fortschreitenden Amerikanisierung ist ihre endgültige Kapitulation nur noch eine Frage der Zeit. Die wahre deutsche Katastrophe steht uns um die Jahrtausendwende noch ins Haus. Anno 1945 hat man uns materiell bis zur Unkenntlichkeit zerstört. Diesmal geht es um unsere seelische Substanz, und da wird man mit einem irreparablen Gesamtschaden zu rechnen haben. Die Injektionen amerikanischen Ungeistes dürften ihre Wirkung unter den derzeitigen Voraussetzungen kaum verfehlen. Dieses Verbrechen dürfte neben der Indianerausrottung und des so wenig sensiblen Umgangs mit den Negersklaven, von dem sich Afrika immer noch nicht erholt hat, als die größte Schandtat der Yankees in die Annalen der Geschichte eingehen.

Begreiflich, aber deswegen keineswegs entschuldbar, daß die ausgepowerten Deutschen nach der Kapitulation die amerikanischen Invasoren als Wesen höherer Ordnung bestaunten. Angesichts von Care-Paketen und des Marshall-Planes setzte sogleich eine nicht ungefährliche Amerika-Euphorie ein. Man suggerierte sich, endlich einen verläßlichen Freund fürs Leben gefunden zu haben, mit dem man durch dick und dünn gehen konnte, und der – welch ein Segen – uns auch die sowjetischen Aggressoren mit ihren Nuklearwaffen vom Halse halten konnte. Aber dieses grob verschönte Amerikabild setzte mit der Zeit dann eben doch erhebliche Stockflecken an. Es gab sogar Publizisten, die einige Zivilcourage in den Versuch investierten, für die Korrekturbedürftigkeit dieses Amerikabildes zu plädieren.

Man konnte dabei an Oswald Spengler anknüpfen, der eine Zeitlang vom "jungen, starken überlegenen und schlechtweg vorbildlichen Amerikanertum" geschwärmt hatte, um sich dann doch dahingehend zu korrigieren, daß die Europäer leider "Rekorde" und Dollars mit der seelischen Kraft und Tiefe des Volkstums verwechselten. Beim "hundertprozentigen Amerikanertum" handelte es sich für sein Empfinden "um ein nach dem unteren

Durchschnitt genormtes Massendasein, eine primitive Pose". Im Grunde waren die Amerikaner, die nie durch eine sie prägende Geschichte hindurchgegangen waren, "eine von Stadt zu Stadt schweifende Bevölkerung von Trappern, die auf Dollarjagd gehen, rücksichtslos und ungebunden, denn das Gesetz ist nur für den da, der nicht schlau und mächtig ist, es zu verachten."

Das waren natürlich barsche Worte, an denen allerdings nach dem neuesten Stand der Dinge nichts herunterzuhandeln ist. Nach wie vor tobt sich zwischen New York und San Francisco hemmungslose Gewalt aus, und der immense Waffenbesitz im Lande bestätigt den naheliegenden Verdacht, daß angesichts des Trends zum Kriminellen und in Ermangelung eines ausreichenden Polizeipotentials das Faustrecht im Land des schnell entsicherten Colts gilt. Irgendwie hat man immer noch einen Finger fest am Abzugshahn.

Ganz im Gegensatz zu den Europäern, fehlt den Yankees ein gemeinsames Schicksal, das Seelen formt und verbindet. Wer nur rein ökonomisch und daher egoistisch zu denken und zu handeln gewohnt ist, verfügt kaum über die nötigen geistigen Kräfte, um eine nennenswerte Kultur aus einem sterilen Boden hervorzuzaubern.

Der genormte Amerikaner wagt bis in diese Tage nicht, sich dem Meinungsterror seiner maßgeblichen Meinungsmacher zu entziehen. Der vielgerühmte Liberalismus gerät an seine natürliche Grenze, wenn er sich einredet, das soziale Verhalten der Bürger reglementieren zu können. Selbst die religiöse Betätigung ist zu einer zwanghaften Form höherer Unterhaltung verkommen. Mit deutscher Weltfrömmigkeit hat dergleichen nicht das Geringste zu tun. Jeder, der sich nicht in einer äußerst unangenehmen Außenseiterposition am Rande der Gesellschaft wiederfinden will, tut gut daran, sich an die präfabrizierten Exerzitien zu halten. Das alles geschieht im Zeichen einer Demokratie, deren freiheitliche Verhaltensformen man nicht nur den eigenen Landsleuten zur Nacheiferung, sondern auch skeptischen Ausländern zur Nachahmung empfiehlt.

Daß dieser seelenlose Dollarimperialismus sich immer mehr verbreitet und die gesamte Welt "beglücken" möchte, gehört mit zu den bedrohlichsten Phänomenen dieser Zeit. Trotz alledem tritt man mit dem anmaßenden Anspruch auf Expansion auf. Schon die Monroe-Doktrin aus dem Jahre 1823 verriet übrigens mit ihrem Postulat "Amerika den Amerikanern" betont imperialistische Ziele. Sie tendierte dahin, den gesamten neuen Erdteil einschließlich Südamerika den USA zu unterstellen. Inzwischen hat man diesen primär wirtschaftlichen Hegemonialanspruch auch politisch und kulturell interpretiert und auf die gesamte Welt ausgedehnt. Mit Hilfe jüdischer Einpeitscher in den Medien versucht man überlegenere Kulturen zu unterminieren. Organisch gewachsene Lebensformen werden auf diese Weise von den Metastasen eines geistlosen Machtmechanismus überdeckt und schließlich erdrückt.

Als Folge dieser Expansion des materialistischen Ungeistes sind die Amis in der Lage, das destruktive Prinzip eines moralischen und kulturellen Kahlschlages durchzusetzen. Diese Schande ist am Ende kurz und bündig alles, was von der Gotterwähltheit dieser "Edelauslese der Nationen" übriggeblieben ist. Man kann sich überhaupt keinen Horrortrip unserer amerikanischen Freunde vorstellen, der nicht auf unsere Großstadtneurotiker wie eine Offenbarung aus einer höheren Welt wirken würde. Nun bekommen wir täglich zu spüren, was wir uns bereits mit der unkritischen Übernahme amerikanischer Verhaltensmuster so alles eingebrockt haben. Es gibt kaum noch einen Sektor des Lebens, in dem nicht der negative amerikanische Einfluß zu beklagen wäre. Wann, so fragt man sich rechtens, wann wird nach diesen Danaergeschenken der sich immer mehr als Alptraum herausstellende "american dream" endlich ausgeträumt sein?

Der knallharte Pragmatismus amerikanischer Lebenspraktiker hat das Gesicht der Deutschen nicht gerade zu ihrem Vorteil verändert. Wo, so fragt man sich zu Recht, sind ihre Lieder geblieben? Sie sind in den Kehlen erstickt. Wo sind Treu und Glauben hingeraten, wo Liebe und deutsche Innerlichkeit? Sie haben uns mit ihrem mechanistischen Sex behext und uns den Nervenkitzel von Neurotikern verschafft. Die Welt, durch die wir uns mit griesgrämigen Mienen bewegen, scheint nur noch aus Plastik und Glas zu bestehen. Man hat uns die Seele verbogen, und nun ist guter Rat teuer. Dem Bostoner Hochschulpräsidenten John Silber, der mit seinem Buch "Ist Amerika noch zu retten?" Moral und Ethik einer niedergehenden Nation analysierte und damit in ein Wespennest stach, weil er eine zutreffende Zustandsbeschreibung der derzeitigen USA ablieferte, hatte allen Grund, sich bei seinen wiederholten Besuchen in Deutschland darüber zu wundern, wie zügig die Amerikanisierung des Landes vorangeschritten war.

"Als Student verbrachte ich 1959 ein Jahr in Deutschland", gab er zu Protokoll. "Damals konnte man den Amerikaner vom Deutschen an der Haartracht und Kleidung genau unterscheiden. Deutsche Bräuche unterschieden sich klar von den mir vertrauten amerikanischen. Es gab noch keine Supermärkte, kaum Kühlschränke, und so kaufte ich mein Gemüse, Obst, Fleisch und Wurst im Tante-Emma-Laden, wo der Besitzer und seine Frau mich noch persönlich begrüßten. Ich habe natürlich nichts gegen Supermärkte und Kühlschränke, aber bei meinen späteren Besuchen in Deutschland fehlten mir die gemütlichen Tante-Emma-Läden. Deutschland ist inzwischen so ungemütlich, wie Amerika es sein kann."

Die Bedürfnisse der notleidenden deutschen Seele werden heute ausreichend von elektronischen Apparaten gestillt, die ein anhaltendes Geplärr erzeugen, dessen Ursprünge noch am ehesten im afrikanischen Busch zu suchen sind. Dieses Kulturangebot unserer Besatzungsmacht indiziert mit einiger Genauigkeit das beschämende Niveau deutscher Kultur.

Inzwischen ist Gemütlichkeit nur noch eine Worthülse, über die man sich zu mokieren pflegt. Der große Bruder hat uns augenscheinlich nicht nur in die hohe Kunst des schnellen Geldes eingewiesen, er hat uns auch den Spaß an der Freude genommen und den deutschen Gesang durch ein einfallsloses Getöse ersetzt. Wieso Amerikaner unter den geschilderten Umständen immer noch die Stirn haben können, von sich zu behaupten, die Welt wäre durch sie um einige Nuancen glücklicher geworden, bleibt ihr Geheimnis. Sie stellen angesichts des Seelenmordes, den sie wissend-unwissend begehen, heute die wohl tödlichste Gefahr für eine Welt dar, die sie mit so verheerenden Folgen entzaubert haben.

Bereits in den zwanziger Jahren begannen in der unseligen und ungeliebten Weimarer Republik gestandene Konservative, die so altmodisch waren, noch ein Herz für das verratene und geschundene Deutschland zu haben, zu begreifen, daß der Erste Weltkrieg mit dem Abschluß des Versailler Vertrages noch keineswegs aus der Welt geschafft war. Er wurde, wie sich damals zeigte, mit den zweischneidigen Waffen der psychologischen Kriegführung nicht weniger massiv fortgeführt. Wieder einmal kämpfte man gegen die deutsche Volksseele, der man unheimliche Regenerationskräfte zutraute und die man im Endeffekt endlich für immer erledigen wollte, um die "Boches" oder "Huns" als lästige Gegenspieler aus der Welt zu schaffen, in der man ihnen rundweg die Existenzberechtigung absprach.

Auch damals formierte sich nicht auf Anhieb eine geschlossene Abwehrfront gegen den schleichenden Seelenmord an uns. Aber als man dann in falscher Einschätzung der deutschen Möglichkeiten die Grenzen des eben noch Erträglichen zu überschreiten anfing, erlebte man sein blaues Wunder in Gestalt einer nationalen Erhebung gegen die perfiden Vernichtungsstrategien der Alliierten. Man ließ keine Mißverständnisse mehr an der nationalen Entschlossenheit eines unterdrückten Volkes aufkommen. Das Ende vom Lied ist dann bekannt. Es bestand in einer kleinen Apokalypse, die noch einmal die schlummernden Berserkerkräfte langmütiger Deutscher entfesselt hatte.

Selbst die Herren der Wallstreet stiegen ein wenig von ihren wackligen Thronen herab und guckten blöd aus der Wäsche, als sich das bereits für tot gehaltene Deutschland wieder zu räkeln begann und wieder einmal den Beweis dafür antrat, daß es über eminente Erneuerungskräfte verfügte.

Warum sollte es nicht wieder einmal möglich sein, daß, wenn man die legendäre deutsche Langmut zu sehr auf die Folter gespannt hat, auch der unerträglichste Amerikanismus einmal auf Granit stößt? Warum sollten wir wahnwitzigen Neoamerikaner in der gleichen Bierlaune sein, uns mit sichtlichem Behagen amerikanisieren zu lassen? Resignation wäre das Letzte, was wir uns in dieser Situation leisten könnten. Trotz der lamentablen neurotischen Verfassung der heutigen Deutschen überzeugt uns dennoch ein Blick zurück in unsere Geschichte davon, daß nicht unbedingt aller Tage Abend zu sein braucht.

Von den USA steht jedenfalls heute schon fest, daß sie keineswegs mit Volldampf ins 21. Jahrhundert brausen werden. Sie haben sich längst von einem Traum in einen Alptraum der Welt verwandelt, wie Arnold Toynbee schon feststellen zu können glaubte. Der "American dream" ist zu Ende geträumt. Die Weltgeschichte ist nicht so einfallslos, als daß sie nicht eine neue und hoffentlich harmonischere Platte auflegen möchte. Wir waren wohl zu ausschließlich mit uns selbst beschäftigt, um als Amerikas liebstes Kind zu bemerken, daß unser Idol bereits in den Keller abgesackt ist und aufgehört hat, bestimmend in der Weltgeschichte mitzumischen.

Immer wieder fällt uns in diesen kritischsten Tagen

unserer Geschichte das Gedicht des großen Schlesiers Andreas Gryphius ein, der mit seinem Poem von den "Tränen des Vaterlandes" schon alles vorwegnahm, was heute die Herzen deutscher Patrioten bewegt. Er wußte während des deutschen Genozids im Dreißigjährigen Krieg so gut wie wir, daß der Raub des "Seelenschatzes" das Schicksal der Deutschen endgültig besiegeln würde. Dem haben wir heute nichts hinzuzufügen.

Das Fiasko der Demokratie

Als Louis Nizer während des Krieges 1943 sich und seinen amerikanischen Landsleuten, deren "Eggheads" sich wieder einmal reichlich naseweis als die Weltgouvernanten für alle Lebenslagen aufspielten, die Frage stellte, was bloß in aller Welt mit den Deutschen nach ihrer Niederlage geschehen sollte, konnte man noch nicht ahnen, daß man sie in kürzester Zeit soweit dressiert haben würde, um sie zum Austausch ihrer eigenen Kultur gegen die amerikanische "One-world-civilisation" zwingen zu können. Dabei dämmerte es ihnen nicht einmal von ferne, wie sich nun herausstellt, daß sie den Krieg erst endgültig mit dem Verlust ihrer nationalen Identität verlieren würden.

Was sich inzwischen augenöffnend herausgestellt hat, ist die betrübliche Tatsache, daß die Zweite deutsche Republik, in der zu leben uns nun einmal auferlegt ist, für die Deutschen immer noch ein unberechenbares Risiko darstellt, ein unvollkommener Versuch an einem für diese Experimente völlig ungeeigneten Objekt. Zwar kann man den im Grunde unpolitischen Deutschen nicht vorwerfen, sie hätten sich nicht alle Mühe gegeben, die demokratischen Grundregeln minuziös zu befolgen und keinen Zoll breit vom Weg der demokratischen Tugenden, die unser Grundgesetz festgeschrieben hat, abzuweichen. Dabei konnte man sich des fatalen Eindrucks nie so recht erwehren, die Bonner Lakaien gäben sich nicht die geringste Mühe, Schaden von den desorientierten Deutschen fernzuhalten. Immer dicht am Abgrund einer potentiellen Anarchie vorbeischlitternd, entwickelten sie immer dann unerwartete Energien, wenn es sich darum handelte, die suspekten Verhaltensmuster des Großen Bruders in die deutsche Wirklichkeit umzusetzen.

Die bemerkenswerte Tatsache, daß wir auch noch seit einem halben Jahrhundert nach unserer demokratischen Souveränität lechzen und die Amis sich immer noch als Besatzer bis an die Zähne bewaffnet auf unserem Territorium herumlümmeln, scheint ein Indiz mehr dafür zu sein, daß man unsere brav konsumierenden Bundesbürger einschließlich ihrer inzwischen vereinnahmten Landsleute aus Mitteldeutschland wie Analphabeten in Sachen Demokratie behandelt und abfertigt. Offenbar kann man ihnen wegen notorischer Faschismusanfälligkeit immer noch nicht so recht über den Weg trauen.

Bei aller Bereitschaft zur totalen Anpassung, die keiner uns absprechen kann, wird man nach zwei Menschenaltern Umerziehung doch die jedem Pädagogen und Psychologen geläufige Feststellung treffen können, daß menschliche Charaktere sich konsequent nach dem Gesetz entwickeln, nach dem sie angetreten sind. Eben das ist das große Fiasko aller Umerzieher, denn mit den Völkern verhält es sich in dieser Hinsicht nicht um einen Deut anders. Auch sie kann in ihrem Kern keine Macht der Welt durch noch so zwingende Manipulationen modifizieren. Wenn man der These Herders zustimmt, wonach Nation Gedanken Gottes sind, stellt es schon einen Akt von Gotteslästerung dar, sie umstilisieren zu wollen.

Außerdem: Für die Beantwortung der Frage, was in

92

aller Welt man mit diesen verdammten Deutschen anstellen soll, sind die Amis dann doch wohl nicht die richtige Adresse. Geschichtliche Parvenüs dürften kaum die schlüssigen Antworten finden können, wenn es um das Schicksal von Völkern geht, die von der Geschichte gezaust und gebeutelt worden sind. Vor allem könnte es sich bei uns Deutschen wirklich um so etwas wie ein Märtyrervolk handeln, das immer wieder zum Heil der Menschheit ans Kreuz genagelt wurde, wie der Franzose Lamennais meinte.

Was schon in den "Roaring Twenties" vergeblicher Anstrengungen bedurfte, uns nämlich in Neoamerikaner zu verwandeln, wird auch diesmal unweigerlich im Endeffekt ins Auge gehen. Artur Moeller van den Bruck, ein in der Wolle gefärbter Konservativer, formulierte damals, was eigentlich alle dachten: "Der Gedanke an den täglichen Stand des Dollars wurde ein Ersatz für das tägliche Gebet. Wir denken wirklich nur noch an unser elendes Heute. Der Kapitalist denkt daran, und der Proletarier denkt daran. Wir alle sind in unseren Interessen so heruntergekommen, wie noch niemals Menschheit herunterkam."

Oswald Spengler setzte eher noch eins drauf, als er nach Ende des ungeliebten Weimarer Unstaates die Bilanz von ein paar Jahren real existierender Demokratie in Deutschland zog:" Die alten ehrwürdigen Formen liegen in Trümmern. Sie sind durch den formlosen Parlamentarismus ersetzt worden, ein Schrotthaufen ehemaliger Autorität, Regierungskunst und staatsmännischer Weisheit, auf dem die Parteien, Horden von Geschäftspolitikern, sich um die Beute streiten."

Emerson hatte wohl so unrecht nicht, wenn er fürchtete, der "American way of life" würde sich "versengend über die Erde ausbreiten". Manhattan und Hollywood haben inzwischen ihre paralysierenden Schatten über das offenbar lebensmüde Abendland geworfen. Sie haben furchtbare Verwerfungen hinterlassen. Auch das wiedervereinigte Deutschland balanciert mühsam am Rande eines moralischen Abgrundes entlang. Bezeichnenderweise ist die Mainstadt Frankfurt, die sich darin überschlägt, amerikanische Lebensformen minuziös zu kopieren und sie womöglich sogar noch zu überbieten, die Stadt mit der mit erheblichem Abstand höchsten Kriminalitätsquote. 70 Prozent der Delinquenten sind hier Ausländer, die man uns auf den Hals geladen hat, um uns zu bastardisieren und biologisch ins Abseits zu befördern. Wenn man die Welt nur noch nach den stereotypen Verhaltensmustern von Übersee einrichten will, hat man für den entstehenden Schaden selbst aufzukommen.

Nachdem bereits ein halbes Jahrhundert parlamentarischer Satyrspiele hinter uns liegen, haben die Deutschen allen Grund, immer weniger von den Führungsqualitäten ihrer Parlamentarier überzeugt zu sein. Einer nach dem anderen von ihnen muß das Handtuch werfen, obwohl man ihnen ja bis zu einer gewissen Schmerzgrenze totale Narrenfreiheit einräumt. Inzwischen stellen sie einen Anachronismus dar und liefern sich der Lächerlichkeit aus. Wenn in einzelnen Staaten der USA nur noch 25 Prozent der Bürger zur Wahl antreten, so hat diese Reaktion auf demokratische Verhaltensweisen auch bei uns inzwischen Schule gemacht. Auch bei uns stellt inzwischen die Partei der Nichtwähler das weitaus größte

Kontingent bei anstehenden Wahlen. Und das Heer enttäuschter Demokraten ist in ständigem Wachsen begriffen.

Langsam aber sicher beginnt man einzusehen, daß unsere demokratischen Freiheiten schon in Ermangelung einer integren Führungsschicht die Sitten verwildert hat. Gleichwohl weiß man, daß dieser Staat nicht die geringsten Anstalten trifft, das Ruder herumzuwerfen und uns zumindest durch eine gezielte Kriminalitätsbekämpfung ein Gefühl von Sicherheit zurückzugeben. So steht die Frage offen im Raum, ob hier nun ein himmelschreiender Dilettantismus von handverlesenen Egozentrikern am schlimmen Werke ist oder ob Hasardeure dem luxuriösen Sport frönen, diesen Staat zu ruinieren, um ihn dann um so komplikationsloser dem Brüsseler Moloch zum Fraße vorzuwerfen.

Die Bürger unseres Bananenstaates trauen dem Spätkapitalismus einfach nicht mehr zu, die Probleme, die ihnen auf den Nägeln brennen, lösen zu können. Mit einem nonchalanten Laisser-faire wird er die ihm ausgelieferten Völker am ausgestreckten Arm geistig verhungern lassen. Dieses System des brutalsten Durchsetzungsvermögens hat es bisher immer noch verhindern können, dem Staat ein menschliches Gesicht zu verleihen.

Man wird sogar den verflixten Eindruck nicht los, dem Großkapitalismus wäre es glänzend gelungen, die Demokratie in ein Werkzeug zur Ausbeutung ihrer Bürger umzufunktionieren. Sie ist, wie die Dinge nun einmal liegen, ein intaktes Herrschaftsinstrument des schieren Materialismus geworden, der zum humanen Weltinnenreich der Deutschen in einem diametralen Gegensatz steht. Nun bleibt die Frage unbeantwortet im Raum stehen, wer nach diesem System mit Raubtierqualitäten die Zügel der abgewirtschafteten Demokratie in die Hand nehmen soll.

Wenn man ein Gespür für die unterirdischen Eruptionen in der politischen Landschaft besitzt, kann es sich dabei nur um den Befreiungsnationalismus handeln, der überall in der Welt die Wahlen gewinnt und laufend Terrain erobert. Man legt sich in den Metropolen der auslaufenden Demokratien, vor allem im schwer angeschlagenen Bonn, gehörig ins Zeug, um sich mit dem Rücken an der Wand gegen alle Selbstdenker von rechts das staatliche Machtmonopol schrankenlos austoben zu lassen. Doch selbst unter eifriger Zuhilfenahme der nimmerruhenden Hitler-Keule wird man das letzte Aufgebot von Patrioten nicht so leicht ins Bockshorn jagen können. Revolutionen vollziehen sich nun einmal mit der Konsequenz und Urgewalt eines Naturgesetzes. Neue Männer braucht das Land, und sie melden sich zur Stelle, wenn ihnen die Stunde geschlagen hat.

Schon einmal hat die Parteiendemokratie nach angloamerikanischem Muster in diesem Land kläglich Schiffbruch erlitten. Damals hatte man sich auch nach einem verlorenen Krieg das wildgewordene Trojanische Pferd ins Haus geholt und erlebte dann mit dem Herumgefuchtel unerprobter Funktionäre, die zum Wettlauf auf die satten Staatspfründe angetreten waren, sein blaues Wunder. Von diesem Defizit an menschlichem Engagement profitierten schließlich die Extremisten von links und rechts, bis sich jene Mannschaft auf das Kommandodeck des in Havarie geratenen Staatsschiffes lancierte, die begriffen hatte, wo die Deutschen wirklich der Schuh drückte und die im übrigen Deutschland noch längst nicht abgeschrieben hatte. Daß diese erste deutsche Demokratie so kläglich vor die Hunde ging und ein Zwischenfall mit verheerenden Folgen blieb, kann man getrost Funktionären anlasten, die sich auf die Grundprinzipien einer Demokratie nicht einspielen konnten.

Die Weimarer Republik unseligen Angedenkens schleppte sich mühsam, wie man weiß, von Krise zu Krise schließlich ihrer wohlverdienten Agonie entgegen. Populär wurde sie so wenig wie ihre Nachfolgerin, die nie ihre Kinderkrankheiten überwinden konnte und der die Wähler nun in rauhen Scharen davonlaufen. Der Rest von ihnen hat sich darauf geeinigt, nur noch das kleinere von zwei Übeln zu wählen. Eine andere Alternative bleibt ihnen nicht. Eine Partei, die die Interessen der schweigenden Mehrheit vertritt, müßte erst noch erfunden werden. Das, was alle denken und was der gesunde Menschenverstand artikuliert, wird mit der dummdreisten Arroganz der Macht als Stammtischmentalität verteufelt. Man scheint sich selbst in brisanten Zeiten in unseren Parlamenten mehr für Diätenerhöhungen zu interessieren als für das Schicksal von vielen Millionen von Arbeitslosen. Alle taktischen Manöver der Bonzen dienen vor allem dem Machterhalt.

Man kann unseren Parteifunktionären keineswegs nachrühmen, sie hätten besonderes Geschick bei der Handhabung demokratischer Umgangsformen an den Tag gelegt. Man wird sogar das verdammte Gefühl nicht los, die Paragraphen des Grundgesetzes wären ihnen ein ewiger Stein des Anstoßes, über den sie stolpern. Nach

Jahrhunderten einer monarchistischen Führung stellen unsere Vorzeigedemokraten sich ziemlich ratlos an und lassen der Not gehorchend das Staatsschiff ungerührt um die Folgen durch das aufgewühlte Meer einer turbulenten Zeit dahindümpeln, während die ihnen von der Geschichte gewährte Gnadenfrist unerbittlich abläuft.

Nachdem die amerikanische Scheindemokratie unverbesserlicher Plutokraten uns Neugierige eigentlich hätte warnen müssen, ließen sich die Deutschen doch wieder leichtfertig auf das Abenteuer eines verkappten Totalitarismus ein, der sich sogar den Luxus erlaubte, die Forschung unserer Zeitgeschichte durch stringente Gesetze gar nicht erst zum Zuge kommen zu lassen. Dergleichen intolerante Eskapaden hätte sich mit Sicherheit keine der vielgeschmähten Diktaturen dieses Jahrhunderts geleistet. Auch angesichts dieser Spielart von Demokratie würde der große Spötter Bernard G. Shaw nur den Kopf schütteln. Über die amerikanische Demokratie fiel ihm jedenfalls nur der folgende "Gag" ein: "Man nennt mich einen Meister der Ironie, aber eine Freiheitsstatue ausgerechnet in New York zu errichten, auf eine solche Idee wäre selbst ich nicht gekommen." Aber die Deutschen sind offenbar immer noch von ihren amerikanischen Freunden so sehr fasziniert, daß sie den "Cant" der Angelsachsen einschließlich ihres mosaischen Klüngels nicht nachvollziehen können.

Wer heute nach soviel schmerzlichen Lernprozessen noch nicht kapiert hat, warum die Deutschen im Jahre 1933 für die Nazis optierten, die ihnen nicht nur ein Ende des Versailler Affentheaters versprachen, sondern ihnen auch die rote Flut von Osten her vom Halse hielten, hat noch keinen Hauch von der Logik der Geschichte verspürt. Die Deutschen traten dann in der Tat ihren Opfergang gegen die Bolschewisten für ganz Europa an, ohne dafür auch nur ein Wort des Dankes aus dem Munde von Europäern zu empfangen. Das glatte Gegenteil war der Fall. Aber schließlich war die Bewegung, die 1933 durch das deutsche Volk ging, auch ein heimlicher Aufstand gegen den Amerikanismus, der sich anschickte, die Welt für sich zu vereinnahmen.

Man konnte sich damals durch eine exzessive Kraftanstrengung wenigstens für eine gewisse Galgenfrist noch der tödlichen Umklammerung des Amerikanismus entziehen. Heute hat dieser allen Grund, sich am Ziel seiner heimlich-unheimlichen Wünsche zu fühlen. Die Entwurzelung und Entnationalisierung alter Kulturen wird mit bösem Vorsatz vorangetrieben. Man legt sich gewaltig ins Zeug, um multiethnische Territorien zu schaffen und den blutmäßigen Nationalismus durch einen konstruierten und unsagbar dämlichen Verfassungspatriotismus zu ersetzen. Ein Glück nur, daß der Befreiungsnationalismus bereits auf dem besten Wege ist, die hochgeschraubten Intentionen intoleranter Kosmopoliten strikt zu unterlaufen und ihnen ihr Konzept gründlich zu versauen. Die Völker sind eben doch nicht auf den Kopf gefallen. Sie versuchen sogar, ihren Kopf noch in zwölfter Stunde aus der Schlinge zu ziehen und ihre Renationalisierung zu betreiben. Selbst die heillose Jeans-Generation wird bald an ihrer Realitätsferne zugrunde gehen. Sie stellt sich bereits als die Endstation abendländischer Dekadenz dar und ist uns offenbar nur vom Schicksal auferlegt, die letzten Bastionen einer jahrhundertealten Tradition mit idiotischer Bravour einzureißen. Diese Chaotiker ahnen nicht einmal, daß sie damit ein Chaos schüren, aus dem sich keine Neuschöpfung mehr entwickeln kann.

Im Weimarer System kulminierte die Not eines ganzen Volkes, über das sich der Haß fast der gesamten Welt ergossen hatte, in einer atemberaubenden Inflation, in einem von der Wallstreet inszenierten spektakulären Börsenkrach und der unerträglichen Hypothek von sage und schreibe sechs Millionen Arbeitslosen. Diese stellen auch heute wieder ein kaum noch kalkulierbares Potential von präsumtiven Staatsfeinden dar, die herausgefunden haben, daß diese Republik eigentlich nur ein Staat der glücklich Besitzenden ist, die noch nicht auf die Schattenseite des Lebens abgedriftet sind. Die Stimmung ist daher in dieser amerikanischen Kolonie wie mit Dynamit geladen. Wer aber wagt es, den Funken zu entzünden, der dieses schäbige Konglomerat von Ignoranz und Heuchelei in die Luft jagt, um einer menschlicheren Lebensordnung den Platz zu räumen?

Angesichts eines zunehmenden Freiheitsentzuges und eines kontinuierlichen Abbaus des immer noch vielgerühmten Rechtsstaates, der sich den einmaligen totalitären Luxus leistet, auf irgendeine ferngelenkte Regie hin sogar die geschichtliche Wahrheit zu torpedieren, hat man sich einem gesellschaftlichen Stereotyp angepaßt, das weitgehend auslaufenden amerikanischen Mustern entspricht.

Nach einem halben Jahrhundert, in dem man trübe demokratische Erfahrungen einsammeln konnte, zieht man resigniert das Fazit, in dieser Republik dominierten bereits die totalitären Methoden eines Staatsterrorismus, die jeder Vorstellung von echter Demokratie Hohn sprechen. Es gehört schon ein entwaffnender Grad von Zynismus dazu, in Hinblick auf diesen Staat mit zwingendem Kolonialstatus überhaupt noch von Souveränität zu sprechen, die bekanntlich im Grundgesetz festgeschrieben ist und vom Volke auszugehen hätte. Aber bei diesem Grundgesetz handelt es sich im Grunde auch nur um ein Phantom. Es ist jedenfalls das Papier nicht mehr wert, auf dem es einmal konzipiert wurde. Eine Kommission von dezidierten Internationalisten ist am eifrigen Werk, entsprechende Korrekturen vorzunehmen. Nach Abschluß dieser offenbar schweißtreibenden Schwerstarbeit dürfte dieses Elaborat nicht mehr auf die Bedürfnisse des deutschen Volkes zugeschnitten sein, sondern den Interessen ethnischer Minderheiten dienen. Wir dürften in absehbarer Zeit den Status einer eben noch geduldeten Minderheit im Lande unserer Väter erhalten.

Vielleicht haben wir wegen unserer sträflichen Indifferenz auch kein besseres Schicksal verdient. Jedenfalls haben deutsche Opportunisten uns eine Zeitkrankheit eingehandelt, die man am zutreffendsten als "deutsche Neurose" diagnostizieren kann. Auf keinen Fall wird unter solchen Umständen niemand ernsthaft Widerspruch erheben wollen, daß wenigstens der Liquidator des englischen Empires, der monomanische Deutschenhasser Churchill, seine helle Freude an den Deutschen hätte, die sich zum Krämervolk herunterentwickelt haben. So wollte er uns nämlich akkurat: dick und vollgefressen, aber gänzlich impotent. Man hat uns in der Tat ohne besonderes Spektakel die Nägel geschnitten und die

Giftzähne gezogen, die der amoklaufende britische Staatssekretär Vansittart uns andichtete.

Die Demokratie, stellt sich heraus, hat sich eben doch nicht als probates Allheilmittel gegen dringend umerziehungsbedürftige Nationen bewährt, die sich nicht so ganz problemlos einer New-World-Konzeption einfügen. Dabei hatten sich die Deutschen so ausgiebig in Servilitätsgymnastikübungen bis zur Rückgratverkrümmung eingeübt, bis ihnen das Buckeln vor wesenlosen Pappkameraden in Fleisch und Blut überging. Unsere verehrten Herren Bundespräsidenten mimten uns als demokratisch gesalbte Ersatzkaiser mit ihrem beschränkten Untertanenverstand den Gestus totaler Unterwürfigkeit gekonnt vor, bis man im Weißen Haus und sonstwo ein ungetrübtes Wohlgefallen an diesen kastrierten "Krauts" fand.

Mit unverbindlichen kosmopolitischen Schwafeleien an wohltemperierten bundesdeutschen Kaminen läßt sich heute problemloser leben, als wenn man sich in den Kopf setzen würde, Deutschland doch noch einmal aus der Konkursmasse der westlichen Welt zu retten. Man sollte ruhig noch einmal bei Tocqueville in die Schule gehen, der bereits vor Jahr und Tag die unumgänglichen Stichworte zum Thema amerikanische Demokratie abgeliefert hatte. Nach wie vor sind die Amerikaner ausgiebig damit beschäftigt, unsere Optik zu vernebeln, damit wir ihnen nicht auf ihre dubiosen Schliche kommen. Eine solche Vernebelungsaktion macht nach Tocquevilles Überzeugung "den Gebrauch des freien Willens auf immer überflüssiger und seltener, beschränkt die Willensbetätigung auf ein immer kleineres Feld und entwöhnt jeden Bürger allmählich der freien Selbstbestimmung."

Wie mies es um die demokratische Solidarität der Amerikaner bestellt ist, nahm Tocqueville ebenfalls betrübt zur Kenntnis. Deswegen rang er sich den Satz ab: "Jeder von ihnen ist ganz auf sich selbst zurückgezogen. Was seine Mitbürger angeht, so lebt er zwar unter ihnen, aber er sieht sie nicht. Er lebt nur für sich selbst, und wenn ihm auch noch eine Familie bleibt, so kann man doch zumindest sagen, ein Vaterland hat er nicht mehr." Warum, so stellt sich die Frage, sollten denn wir Neoamerikaner noch so etwas wie ein Vaterland besitzen? – Maastricht läßt bereits grüßen.

Um nicht das Verdikt der "Deutschtümelei" mit Duldermiene ertragen zu müssen, betreiben wir bis zur Selbstverstümmelung eine schwachsinnige Germanophobie. In einer solchen Atmosphäre kann ein so unansehnlicher Haufen wie die Grünen blühen und gedeihen und sogar in unser Hohes Haus am grünen Strand des Rheins ihren Einzug halten und dort die Allüren von Irrenhäuslern vor Fernsehkameras vormimen. Diese Politdesperados segeln lustig im Fahrwasser der Morgenthaus und Kaufmans, und ginge es schon nach ihnen, wäre die Agrarisierung unseres Landes eine vollendete Tatsache. Vielleicht besteht ihr Lebenswerk aber vor allem darin, die letzten Patrioten in diesem Lande aus der Reserve zu locken und der schlafenden Mehrheit auf die Sprünge zu helfen.

Nizers dreiste Frage "What to do with Germany?" hat sich heute von selbst erledigt, nachdem wir unseren Freunden schon devot aus der Hand fressen. Die Roßkur einer keineswegs zimperlichen Seelenmassage hat uns in eine amorphe Masse umfunktioniert, die Schwierigkeiten hat, noch ein unverfälschtes Deutsch zu sprechen und mit der sich lukrative Geschäfte machen lassen. Diese Nationaleunuchen akzeptieren jede noch so dick aufgetragene Geschichtslüge, wenn man ihnen nur die Ruhe zum ungestörten und ausgiebigen Konsumieren läßt. Auch der kulturelle Kahlschlag, der sich vor unser aller Augen abspielt, ohne daß wir deswegen unsere Kontenance verlieren würden, jagt uns keineswegs, wie von der Tarantel gestochen, auf die nächstbeste Palme. Im Grunde wurden wir in all diesen friedlichen und sterilen Jahren eben das, was unsere amerikanischen Leitbilder schon lange von uns erwarten: eine Meute geschichtsloser Fellachen, denen man sogar das Märchen von der westlichen Wertegemeinschat mit einigem Erfolg aufschwatzen konnte. Ein überzeugter Patriot kann da nur noch wünschen, es würde Nacht oder die sieben fetten Jahre neigten sich ihrem Ende zu. Diese sind den Deutschen, die nur in der Not über sich hinauswachsen, schon immer ganz miserabel bekommen.

Das amerikanische Trauma

Die allgemein praktizierte Ideologie der Republik, in der zu leben und Steuern abzuführen wir das zweifelhafte Vergnügen haben, ist ein in die Degeneration geratener Liberalismus, den zu vertreten für alle Parteien bis zur Selbstauflösung ein ungeschriebenes Gesetz ist. Diese folgen damit einem immer noch modischen Trend, obwohl die heutige Interpretation von Freiheit laufend irreparablen Flurschaden anrichtet, da die Grenzlinien zwischen Freiheit und Anarchie immer haarscharf am politischen Fiasko entlangführen.

Auch bei uns gehört es längst zum unerläßlichen rhetorischen Repertoire der Profiteure des Staates, die sich in die rot oder schwarz changierenden Plüschsessel unserer Beamtensilos vorgerobbt haben, sich das inhaltsschwere Wort "Menschenrechte" genüßlich im Munde zergehen zu lassen , obwohl sie das genaue Gegenteil in die politische Praxis umzusetzen pflegen. Offenbar plappert man diese zur Worthülse heruntergewirtschaftete Vokabel nur gedankenlos nach. Karrierelüsterne Politiker machen es sich zu einfach, wenn sie die von den Amerikanern mit beachtlichem Mißerfolg praktizierte "Diktatur der Humanität" nachäffen und meinen, damit den Stein des Weisen gefunden zu haben. Etwas Gescheiteres, das auf ihrem eigenen Mist gewachsen wäre, fällt ihnen wohl nicht ein.

Inzwischen scheint es der frisch restaurierten Freiheitsstatue vor der makabren Silhouette Manhattens etwas weich in den Knien zu werden, wenn sie mitansehen muß, was bornierte Epigonen mit der von ihr trotz Sturm und Regen symbolisierten Liberalität so alles anrichten können. Immerhin hat man in Gottes eigenem Land eine Zeitlang mit vorgetäuschten Freiheiten ein Konglomerat von bunt durcheinandergewirbelten Völkern und Rassen in Schach halten können. Nun beginnt überall unüberhörbar der Kalk zu rieseln.

Das Ergebnis der liberalen Regierungskünste ist nichts anderes als ein wohltemperiertes Irrenhaus, in dem sich lauter Großstadtneurotiker die Klinke in die Hand geben. Geht man ein wenig zu diesem Affentheater auf Distanz, so begeht man sicher nicht die Sünde von notorischen Nörglern, wenn man diesem Land des noch schönen Scheins geradezu niederschmetternde Prognosen stellt.

Wer sich bloß ein bißchen in der Naturgeschichte deutscher Chamäleons umgetan hat, muß diesem Buch mit sieben Siegeln zumindest noch ein wenig erfreuliches Kapitel hinzufügen. Nie waren unsere "ausländerfeindlichen" Landsleute nämlich so sehr bereit, sich Fremden an den Hals zu werfen, wie in diesen Tagen, in denen man mit rattenhaftem Eifer an ihrer Liquidierung bastelt. Selbst einer "Schutzmacht" zuliebe, die ihnen geistig nicht das Wasser reichen kann, hatte sie der naßkalte Wahnsinn erwischt, auf ihren eigenen Traditionen herumzutrampeln und mit ihnen, wie es ihnen das Gesetz ihrer Umerzieher befahl, Tabula rasa zu veranstalten, wenn sie sich damit nur Gunst und Gnade des großen Bruders erschleichen könnten.

Daß dieser bereits der Weltgeschichte hinterdreinhumpelt, haben sie noch so wenig mitgekriegt wie die trübe Aussicht, ihm eines Tages auch noch in den Orkus der Geschichte nachtrampeln zu müssen, wenn sich das Fatum des Untergangs mit Pauken und Trompeten an ihnen vollzieht. Wieviel Aufklärungskampagnen, so fragt man sich, sind eigentlich noch nötig, um realitätsfremde deutsche Provinzler, die immer schon dem kreislaufbeschleunigenden Sport, in offene Messer zu rennen, gefrönt haben, davon zu überzeugen, daß sie diesmal aufs falsche Pferd gesetzt haben? Wie um Gottes willen soll man nur die Ungeister, die man sich da ins Haus geholt hat, jemals wieder loswerden?

Man verdrängt den Gedanken, der allzu verstiegene amerikanische Traum könnte sich längst in ein einziges Trauma aufgelöst haben, in einer geradezu lebensgefährlichen Einäugigkeit und läßt sich von dem immer noch raffinierten Imponiergehabe des Partners ins Bockshorn jagen. Die Vernebelungstaktik unserer Partner im Westbündnis tendiert eindeutig dahin, die geplante Neue Weltordnung unter der Führung der USA und ihrer mosaischen Einpeitscher gar nicht erst ins Bewußtsein der schwer davon betroffenen Nationen vordringen zu lassen, ehe man vollendete Tatsachen geschaffen hat. Man kann über die heutige Weltpolitik einfach nicht mehr mitreden, wenn man nicht die Prämisse aller Überlegungen, die geplante Weltherrschaft durch das amerikanische Kapital, begriffen hat. Vielleicht reicht der beschränkte Untertanenverstand deutscher Tagträumer nicht aus, um überhaupt den Gedanken an eine rücksichtslose Durchsetzung eines One-World-Konzeptes überhaupt nachvollziehen zu können.

Unvorstellbar für sie ist vor allem die Tatsache, daß deutsche Politiker sich dafür hergeben, gegen den erklärten Willen der Mehrheit ihres Volkes mit am bösen Werke zu sein, unseren Nationalstaat zu Grabe zu tragen und uns einem Gesamteuropa einzuverleiben. Man fragt sich da nur noch, woher diese den traurigen Mut hernehmen, zweitausend Jahre deutscher Geschichte mit einem infamen Überraschungscoup zu beenden und Deutschland unversehens in einen vorwiegend von Kanaken besiedelten und physiognomielosen Industriestandort neben vielen anderen zu verwandeln.

Am Ende unseres Jahrtausends steht Deutschland die wahrscheinlich größte Krise seiner Geschichte ins Haus. Nur soviel ist sicher, daß mit der derzeitigen Equipe von extrem deutschfeindlichen und universalistischen Politikern kein Staat mehr zu machen ist. Niemand traut ihnen mehr zu, daß sie den anstehenden Problemkomplex bewältigen können. Immer mehr Wähler üben sich daher in einer vielsagenden Wahlabstinenz, die die Überlebenschancen dieser Sorte von Parteienparlamentarismus brüsk in Frage stellt.

Mit dem Gedanken, daß wir heute neben den Juden und den "häßlichen Amerikanern" das meistgehaßte Volk sind, sollten wir uns wohl oder übel arrangieren, nachdem unsere "Freunde" eine sonst ungewohnte Aktivität entwickeln, uns in aller Welt zu diskriminieren. Man braucht uns eigentlich nur noch als Zahlmeister für alle nur erdenklichen internationalen Institutionen. Über die Funktion der NATO kann man sich bei uns zulande eigentlich kaum noch Illusionen machen, nachdem deren früherer Generalsekretär Lord Ismay in einer Stunde der Wahrheit die Katze aus dem Sack ließ und die Aufgabe dieser weiß Gott unheiligen Allianz mit den Worten umschrieb: "To keep the Russians out, the Americans in and the Germans down."

Seitdem dürfte eigentlich auch bei dem letzten Hinterwäldler der Groschen gefallen sein, warum unsere Besatzer um alles in der Welt unseren Boden nicht verlassen möchten, wenn sie sich inzwischen auch als Schutzmacht tarnen. Ein Kommentar ihrer Luftwaffe ließ sich sogar in seinem infantilen Sendungsbewußtsein den "Gag" einfallen, seine Männer müßten schon deswegen in Deutschland stationiert bleiben, weil diese "Krauts" durch die Präsenz von Amerikanern erfahrungsgemäß die Aussicht hätten, doch noch in bessere Menschen verwandelt zu werden.

Man begreift nach alledem nun auch schon viel besser, daß das heuchlerische Geschwafel von einer deutschen Souveränität nichts als Augenwischerei ist. An den Sonderrechten der Besatzungstruppen hat sich nämlich überhaupt nichts geändert. Immer noch beanspruchen sie für sich das Recht, den Fernmeldeverkehr abzuhören. Die amerikanischen Kommandozentralen in Stuttgart, Heidelberg und Ramstein widerlegen die Vorstellung von einer selbständigen deutschen Außenpolitik. Und schließlich und endlich dienen die nuklearen Waffen auf deutschem Boden nach Ende des Kalten Krieges nur noch der politischen Kontrolle der Bundesrepublik. Wie man die Amerikaner kennt, hätten sie keine Skrupel, im Ernstfall von ihnen gegen uns Gebrauch zu machen. Dieser Ernstfall würde immer dann eintreten, wenn der Nationalismus mit der gleichen Durchschlagskraft wie in anderen Ländern auch bei uns sich zu regen beginnen würde.

Nur unter diesen Umständen ist es überhaupt zu begreifen, warum in Uncle Sams neuester Provinz auf die demokratische Grundordnung gepfiffen wird, wenn sich der gesunde Menschenverstand im Lande regt und auch einmal ein Wort zur Wahrnehmung auch deutscher Interessen einlegt. Warum nationale Parteien unter dergleichen perversen Umständen nicht die geringste Aussicht besitzen, das unausgewogene Parteienspektrum in diesem Lande auch rechts zu besetzen, ist nicht schwer zu begreifen. Solange aber keine effektive Opposition den deutschen Parlamentarismus belebt, beruht die Vorstellung von einem funktionsfähigen Parlamentarismus auf einer reinen Spekulation. Um es noch einmal zu betonen: Wir verfügen über eine abnippelnde Ochlokratie, will sagen: über eine Herrschaft der Minderwertigen, die sich auf ein lukratives Gemauschel mit dezidierten Deutschfeinden einlassen und dafür auch noch fürstlich honoriert werden.

Die "amerikanische" Krankheit, gegen die wir nie eine durchschlagende Immunität entwickeln konnten, trat bereits in ihr akutes Stadium ein, als die US-Army sich in der ominösen Aktion "Wüstensturm" zwar keine blutigen Köpfe holte, dafür aber eine moralische Schlappe einstecken mußte, von der sie sich sobald nicht wieder erholen dürfte. Der "häßliche" Amerikaner spukt seitdem wieder unübersehbar im Bewußtsein der Weltöffentlichkeit herum, obwohl eine totale Zensur der Kriegsberichterstattung alle Schönheitsfehler dieser schlicht barbarischen Kriegführung gar nicht erst durchschimmern ließ. Man mußte sich wohl oder übel damit begnügen, was zwischen den Zeilen zu lesen war, aber auch das genügte schon, um zu kapieren, daß die amerikanische Strategie wieder einmal darin kulminierte, über Leichen zu schreiten, um in den Besitz der begehrten Ölquellen zu gelangen.

Dieses Kriegsziel wurde, wie man weiß, nicht erreicht. Dafür verhalf man aber durch Massenvernichtungsaktionen aus der Luft extrem autoritären Ölscheichs wieder zu ihrer zweifelhaften Macht. In Irak blieb hingegen alles beim alten. Selbst Diktator Saddam Hussein, eben noch als Abschaum der Menschheit verteufelt, wurde kein Härchen gekrümmt, obwohl man eine erhebliche Prämie auf seinen Kopf ausgesetzt hatte.

Immerhin endete dieses schmutzige und im Grunde erfolglose Unternehmen mit einer pompösen Siegesparade auf New Yorks Avenuen. Die "Helden" dieses überflüssigen Krieges, der Alpträume erzeugte, und in dem 250.000 Iraker ins Gras beißen mußten, wurden mit einem Konfettiregen eingedeckt, und das war dann auch schon alles. Man suggerierte sich, die Schlappe von Vietnam ausgewetzt zu haben. Jeder Insider wußte es aber besser, daß auch dieses kriegerische Abenteuer wie die anderen kriegerischen Unternehmen der Amis seit Kriegsende mit einem "Flop" endete, der ihre Unfähigkeit zur professionellen Kriegführung aller Welt vorführte. Angesichts der nicht vorhandenen Kampfmoral der Truppe sollten sie sich lieber auf die Behebung der himmelschreienden sozialen Mißstände im eigenen Land konzentrieren, aus trüben Erfahrungen der Geschichte wenigstens die Erkenntnis mit nach Hause nehmen, daß nach einer Neuen Weltordnung kein Bedarf besteht, ehe sie von neuem auf Menschenjagd ausziehen.

Was aber uns anbelangt, so sollten wir uns von einer morbiden Weltmacht nicht über den Tisch ziehen lassen, sondern beizeiten zusehen, wie wir unseren Kopf aus den ausgelegten Schlingen ziehen können.

Trotz aller Tiefschläge hat der deutsche Finanzminister eben noch akkurat 17 Milliarden unserer noch existierenden harten Mark für den mittelalterlichen Kolonialkrieg der Amis auf den Tisch des Hauses geblättert. Diese sind, wie sich zeigte, bei ihren Raubzügen auf Finanzspritzen ihrer eingeschüchterten Spießgesellen durchaus angewiesen. Dabei haben sie noch einen gehörigen Reibach bei ihrem ebenso unnötigen wie dreckigen Krieg gegen den Irak gemacht. Die Subsidiengelder überstiegen nämlich bei weitem die Kriegskosten. Aber immerhin bekam unser Waigel, der's wieder einmal möglich machte, was kaum einer für möglich hielt, für seinen Fauxpas auf Kosten der Steuerzahler dann auch prompt von seinem amerikanischen Kollegen wie ein braver Schuljunge, der seine Lektion zur Befriedigung erledigt hat, die wattierten Schultern geklopft.

Um aber noch ein wenig beim Irak zu verweilen: Die "beste Militärmaschine auf Erden" bewies vor Ort dann doch, daß sich in ihrem Getriebe gehörig Sand befand. Sie kam nicht einmal trotz aller Muskelspiele so richtig zum Einsatz. Wo sie sich aber einmal dazu durchrang, fühlte man sich an die bestialische Kriegführung in Vietnam erinnert, über das sich ein veritabler Napalmregen ergoß.

Die selbsternannten Moralwächter hatten diesmal großzügig darauf verzichtet, sich zur Abwechslung auch einmal vor die eigene Brust zu schlagen und wenigstens halblaut ihr "Pater peccavi" vor sich hinzustammeln. Schließlich hatten sie im Irak an ihre glorreichen militärischen Traditionen angeknüpft und, ohne mit der Wimper zu zucken, Teile einer 6000jährigen Kultur aus der Luft atomisiert. Wenn sich die auf die Menschheit losgelassene US-Army auch nicht auf Bodenkämpfe einließ, so hatte sie doch in ihrem "chemisch sauber geführten Krieg" ausgiebig Gelegenheit, wenigstens mit den Kulturgütern des alten Mesopothamien Tabula rasa zu machen, was ihnen sichtlich Befriedigung verschaffte.

Immerhin konnte die Armee am Ende des Gemetzels mit einer stolzen Bilanz aufwarten: Fast eine Viertel Million der Iraker, Soldaten und Zivilisten, wurden schlicht und einfach ausgebombt. Es entstanden Schäden in Höhe von etwa 200 Milliarden Dollar. Sonst aber war so gut wie nichts erreicht. Lediglich war vom moralischen Prestige Uncle Sams wieder einmal allerlei Lack abgeblättert. Nicht einmal für den so siegreichen Kriegsherrn Bush reichten seine neuen Lorbeeren für die Wiederwahl ins Weiße Haus. Heute ist er ebenso vergessen wie der Generalissimus mit dem guten deutschen Namen Schwarzkopf, der mit dem Wanst eines Ölscheichs und der Kinnbackenpartie eines professionellen Schlägers ausgestattet und deshalb für seine Aufgabe geradezu prädestiniert war und angesichts des von ihm durchgeführten Wüstenholocausts nur mit breitem Grinsen die entwaffnende Antwort parat hatte: "Der Krieg hat eben seinen Preis."

Von der infernalischen Kampftaktik der Amis bekam man in unseren uniformierten Gazetten natürlich nichts zu lesen. Aber es sprach sich dann doch hinter der vorgehaltenen Hand herum, daß man beispielsweise irakische Kampfstellungen pausenlos beschoß, während Panzer mit riesigen Schaufeln die Gräben zuschütteten und die irakischen Soldaten en masse lebendig begruben. Etwa 10.000 von ihnen sollen diesen echt amerikanischen Tod gefunden haben. Man hatte also auf die Methoden des rücksichtslosen Kolonialkrieges bedenkenlos zurückgegriffen.

Die Amerikaner hat der Golfkrieg hingegen nur einen bescheidenen Bruchteil der Menschenopfer gekostet, die sie Jahr für Jahr durch ihre unkontrollierte Gewaltkriminalität zu verzeichnen haben. Diese Kriminalität hat inzwischen nämlich alarmierende Ausmaße angenommen, die an die Schrecken der frühen Pionierzeit erinnern. Wie damals lebt heute wieder eine Wagenburgmentalität auf. Frustrierte und vom Staat sich selbst überlassene Bürger ziehen sich in von hohen Mauern umgebene Siedlungen zurück, die von den Bewohnern selbst ständig bewacht werden. Die Sicherheitsverpflichtung des Staates wird damit der Not gehorchend unterlaufen. In einem Vierteljahrhundert ist die Zahl dieser Gemeinden von 4.000 auf mehr als 66.000 angestiegen.

Ein Land, dessen Mordrate fünfmal so hoch wie in Europa ist, sollte hübsch brav auf dem Teppich bleiben und nicht eine dicke Lippe riskieren. Statt dessen verschwendet es ansehnliche Beträge aus dem ohnehin geschrumpften Etat dazu, laufend neue Holocaust-Gedenkstätten zu finanzieren, aller Wahrscheinlichkeit nach nur zu dem Zweck, von der eigenen bluttriefenden Geschichte abzulenken.

Ein ungetrübter Versuch ist es gewiß nicht mehr, ein

amerikanischer Bürger zu sein. Immerhin haben fast alle von ihnen die unwillkommene Aussicht, wenigstens einmal in ihrem Leben Opfer eines Verbrechens zu werden. Selbst das Reisen ins gelobte Land ist mit erheblichen Sicherheitsrisiken verbunden. Man könnte schließlich auch selbst einmal Opfer eines der drei Millionen jährlichen Gewaltverbrechen werden, die sich allein im Umkreis amerikanischer Schulen ereignen. Verständlich daher, daß 20 Prozent der Schüler regelmäßig Schußwaffen mit sich führen – und das sicher nicht nur zur Abschreckung.

Nur angesichts der Tatsache, daß jährlich 5 Millionen Amerikaner Opfer von Gewaltverbrechen und 19 Millionen von Eigentumsdelikten werden, kann man begreifen, daß die Haftanstalten trotz geringer Aufklärungsziffern, an chronischer Überbelegung leiden. Immer mehr professionelle Kriminelle müssen vorzeitig entlassen werden, um anderen Delinquenten die Plätze zu räumen. Im Jahre 1991 wurden von je 100.000 Einwohnern 5.666 verhaftet. Auch in dieser Hinsicht können die USA sich rühmen, selbst den alten Römern den Rang abgelaufen zu haben.

Nach alledem scheint die vielgerühmte amerikanische Freiheit in pure Anarchie umgeschlagen zu sein. Der wildwuchernde Egoismus hat eine laufende Demoralisierung weiter Bevölkerungsschichten bewirkt, die unter der Armutsgrenze dahinvegetieren und ihr Glück in der Kriminalität suchen. Gleichwohl legt sich die Administration keineswegs ins Zeug, die Ursachen dieses Krebsübels bei der Wurzel zu packen und einen gerechten sozialen Ausgleich zu schaffen. Man zieht es offenbar vor, sich mit dem Verbrechen zu arrangieren und schiebt die Schuld an den inzwischen schon legendären "amerikanischen Zuständen" der starken Immigration der Asozialen und dem zunehmenden Einfluß der Juden auf die Regierungsgewalt zu.

Destruktiv auf die öffentliche Moral wirkt vor allem auch das Fernsehen. Wenn amerikanische "Kids" ihr 18. Lebensjahr erreicht haben, so hat man überschlagen, haben sie bis dahin mindestens 200.000 Gewaltaktionen auf dem Bildschirm verfolgen können, darunter 40.000 perfekte Morde. Natürlich kann man aus alledem schließen, daß die Hollywoodisierung des Landes nicht gerade eine aufbauende Wirkung auf die junge Generation ausübt. Da auch bei uns inzwischen Hollywoods Filmfabrik auf vollen Touren läuft und 90 Prozent aller in unseren Kinos vorgeführten Filme aus dieser Quelle stammen, ist damit zu rechnen, daß auch wir über kurz oder lang auf dem Umweg über Maastricht einer amoralischen Wolfsgesellschaft entgegensteuern. Das mitmenschliche Verhalten ist in dieser Ochlokratie bereits unter aller Sau, wie jedermann täglich zu spüren bekommt. Und da der Fisch bekanntlich immer vom Kopf her zu stinken beginnt, stehen uns noch dramatische Überraschungen ins Haus. Nachdem die Gesinnungsjustiz und eine heimliche Inquisition gegen Selbstdenker bereits eine feste Institution in diesem Staate Deutschland geworden ist, muß man auf alles gefaßt sein.

Orwell geht auch bei uns zulande um. Man begegnet ihm auf Schritt und Tritt, wenn man die Augen aufhält. Je mehr das unerträgliche Gemauschel von Freiheit, Menschenrecht, Meinungsfreiheit und Toleranz in diesem Lande umgeht, um so mehr ist anzunehmen, diese wären allesamt hoffnungslos in die Degeneration geraten. Über Werte, die man besitzt, braucht man nämlich kein Wort zu verlieren. Keiner unserer hochnäsigen Intellektuellen hat noch ein Ohr für die Stimme des Volkes, von der die Römer schon annahmen, es handele sich bei ihr um Gottes Stimme. Gott läßt sich jedoch auf die Dauer nicht den Mund verbieten, und auch ein Volk von sagenhafter Lammsgeduld wird sich eines bösen Tages doch noch zu Wort melden. Strafrechtliche Repressionen greifen jedenfalls dann nicht mehr. Und für immer auf die Indifferenz der langsam verblödenden Massen zu setzen, ist ein gewagtes Spiel von psychologisch unerfahrenen Glücksrittern.

Auch die Deutschen werden sich auf die Dauer nicht mit dem Rat abspeisen lassen, doch möglichst auf ihre "Heimattümelei" zu verzichten, wozu uns vor allem unsere israelischen Freunde zu überreden versuchen, obwohl gerade diese in ihrem gelobten Land das glatte Gegenteil praktizieren. Man will uns in öliger Suada beschwatzen, Heimat wäre immer nur da, "wo man seinen Job hat". Unsere antideutsche Mafia weiß so gut wie wir, wie man ein lästiges Volk auf die bequemste Weise im Zuge eines allgemeinen Globalisierungsprozesses los wird.

Wenn aber etwas nicht übertragbar ist, so ist es die amerikanische Demokratie, die eine "grausame, raubtierartige, verbrecherische Gesellschaft" (Solschenizyn) erzeugt. L.L. Mathias gab sogar aufgrund langjähriger Erfahrung zu bedenken: "Die Demokratie in den USA kam unehelich zur Welt und ist ein Bastard geblieben. Sie repräsentiert die Herrschaft einiger weniger über einige zweihundert Millionen, die bereit sind, den Sockel für diese Herrschaft herzugeben. Man hat ihnen zu der Möglichkeit verholfen, komfortabel zu leben – und alles andere interessiert diese Menschen nicht." Das gleiche läßt sich leider auch von den in ihrem Komfort erstickenden deutschen Dauerkonsumenten behaupten.

Wer dieses "Sinnbild eines blühenden Verfalls" zu kopieren versucht, muß schon von allen guten Geistern verlassen sein. Auch bei uns sind die Allüren eines Tollhauses längst eingerissen. Das Leben in diesem Lande, das einmal ein Rechtsstaat gewesen sein soll und heute auf Teufel komm raus eine hochnotpeinliche Gesinnungsjustiz betreibt, wird für Patrioten immer riskanter, die mit ihrer Meinung nicht hinter dem Berg halten.

Der englische Historiker Paul Kennedy registrierte schon seit langem den "sanften, unmerklichen Niedergang" der Weltmacht USA, die sich immer mehr auf einen resignativen Isolationismus zurückzieht. John K. Galbraith vertritt sogar die hörenswerte These, die "Herrschaft der Bankerotteure" würde sich demnächst mit dem außenpolitischen Rückzug der USA aus der Weltpolitik und der Kapitulation der weißen Elite im Inneren vollenden. Die schwer angeschlagenen und zum Trauma für alle gewordenen Staaten würden aber nicht unbedingt nur defensiv auf ihren Kräfteverfall reagieren, sondern eine Zeitlang noch Stärke markieren und auf irgendwelche Phantomgegner einschlagen, um die wirtschaftliche und politische Regression und das Auseinanderdriften der verschiedenen Ethnien wenigstens noch eine Zeitlang zu überspielen. Bereit sein ist alles.

Weltfeind Nummer eins

Man kann unseren französischen Nachbarn das Kompliment nicht versagen, mehr europäischen Korpsgeist als wir entwickelt zu haben und aus Gründen ihrer nationalen Selbsterhaltung zumindest einen nur moderaten Amerikanismus zu betreiben. Sie brachten alles in allem und sehr im Gegensatz zu uns den Mut zur nationalen Identität auf.

Wir Deutschen, von unserem eigenen Establishment aus Gründen des puren Machterhalts schnöderweise als "Ausländerfeinde" diskriminiert, waren immer schon allzu spontan dem diskreten Charme irgendwelcher fremden Rattenfänger verfallen. Keiner wird ernsthaft behaupten wollen, wir hätten uns in unserer notorischen Ichschwäche auch nur ein bißchen zu unseren Gunsten verändert. Schon Fichte hatte die unterentwickelte Selbstachtung der Deutschen vor sich selbst folgendermaßen moniert: "Der Gipfel unseres Triumphes ist es, wenn man uns gar nicht für Deutsche, sondern für Spanier oder Engländer hält, je nachdem nun einer unter diesen gerade am meisten in Mode ist." Und Fichte wußte, was er sagte. Er kannte schließlich seine Deutschen genauestens, weil er sie nämlich liebte.

Die Franzosen haben nach dem letzten Krieg schon unter de Gaulle höchst allergisch auf alle Anstrengungen ihrer Amerikanisierung reagiert und vernehmlich ihr Veto erhoben, wann immer auch das Eindringen von Amerikanismen in ihrer Sprache und die Überrepräsentation kultureller Massenartikel aus den USA in ihrem

Kulturangebot zur Debatte standen. Sie haben zu diesem Zwecke sogar ein Ministerium für Frankophonie geschaffen, eine Einrichtung, die über die Erhaltung des nationalen Selbstverständnisses zu wachen hat und die auf diese Weise bei uns einfach undenkbar wäre. Jeder, der sich hierzulande mit einem ähnlichen Vorschlag an die Öffentlichkeit wagen würde, wäre flugs wegen faschistischer Indoktrination aus unserer total angeglichenen Gesellschaft ausgegrenzt.

Dem natürlichen Nationalgefühl der Franzosen ist man allerdings auch nicht mit einem hochnotpeinlichen Umerziehungsverfahren so indiskret zu Leibe gerückt, wie das bei uns leider der Fall war. Sie führen sich daher auch noch keineswegs wie der letzte neurotisierte Dorftrottel im europäischen Haus auf, wenn es sich schlicht und einfach um die Vertretung ihrer nationalen Interessen handelt. Immerhin verfügen sie noch über eine elitäre Schicht, die Tacheles zu reden versteht, wenn Ansehen und Gloire der Nation auf dem Spiel stehen.

So hat beispielsweise der bekannte französische Filmregisseur Claude Autant-Lara mit seiner unkonventionellen und unbequemen Rede anläßlich seiner Aufnahme in die Französische Akademie der Schönen Künste aus seinem Herzen keine Mördergrube gemacht, sondern die Gelegenheit der Publizität genutzt, um einmal gehörig auf die Pauke zu hauen. Ein Künstler, der die Geschichte des französischen Films über ein halbes Jahrhundert hin mit bemerkenswerter innerer Teilnahme in vorderster Linie verfolgen konnte, mochte Grund genug haben, ein furchterregendes Menetekel an die akademischen Wände, die ihm um eines solchen solennen Anlasses willen zur Verfügung standen, zu projizieren.

In einer geradezu selbstmörderischen Offenheit, aus der die tiefe Trauer des von den Intellektuellen seines Volkes maßlos frustrierten Patrioten sprach, konnte er sich den feudalen Luxus erlauben, auf alle Vorschriften des akademischen Rituals und alle Spielregeln einer sterilen "Political correctness" zu pfeifen und einmal frei von der Leber weg auszusprechen, was ihm auf dem Herzen lag. Daß er bei diesem rhetorischen Rundumschlag Erstaunliches und bis dahin kaum Gehörtes zutage förderte, verschlug selbst den mit einer seelischen Hornhaut ausgestatteten Akademikern den Atem.

Claude Autant-Lara ließ bei seinem Auftritt vor einem so illustren Gremium nicht den geringsten Zweifel daran, daß es sich um die Folgen der feigen Unterwerfung unter das Diktat der Amerikaner handelt, wenn der französische Film sich in einem ruinösen Zustand befindet und seinen künstlerischen Bankrott kaum noch verheimlichen kann. Dabei war nach seiner Überzeugung diese regressive Entwicklung keineswegs nur das Werk eines tragischen Zufalls, sondern eine "Operation großen Stils, lange und gründlich vorbereitet".

Von allem Anfang an hatte nach seiner Meinung der amerikanische Film, der fest in den Händen der Juden lag und immer noch liegt, es darauf abgesehen, durch weltweite Invasion so etwas wie eine Diktatur durch seine Monopolstellung auszuüben und andere nationale Filmindustrien erst gar nicht einmal zur Entfaltung kommen zu lassen. Gegenüber einer so massiven kulturellen Invasion verhält sich ein militärischer Einmarsch im

Endeffekt wie eine Operette. Besatzer pflegen eines Tages wieder dorthin abzuziehen, woher sie gekommen sind. "Die kulturelle Niederlage ist eine ungleich ernstere Verwüstung", setzte der neugebackene Akademiker hinzu. "Bis jetzt gibt es nirgendwo, soviel ich weiß, das geringste Anzeichen dafür, daß unsere Okkupanten wieder zurück in ihre ursprünglichen Grenzen gehen. Ganz im Gegenteil!"

Von einer freien Konkurrenz kann unter solchen betrüblichen Umständen im Bereich der "schönen" Künste natürlich keine Rede sein. "Ich selbst habe an diese freie Konkurrenz niemals geglaubt", führt der Mann, der ein ganzes Säkulum überblickt, weiter aus. "In diesem Jahrhundert der Lüge, in dem wir leben, in diesem kapitalistischen System, ist es nur ein Betrug mehr. Hier handelt es sich in Wirklichkeit um eine noch heimtückischere, noch verschlagenere Diktatur als die andere. Dank geschichtlicher Manipulationen gelingt es dieser angeblich freien Konkurrenz, den sich hinter ihr verbergenden Kolonialismus zu verschleiern... Ein paar Zivilangestellte, mit Bedacht plaziert, reichen aus. In Frankreich leben, abgesehen von einem kleinen Häuflein, das einst vor McCarthy flüchtete, praktisch keine Amerikaner. Und trotzdem welch erfolgreiche Kolonialisierung!"

Den "langsamen, anhaltenden Erstickungstod des französischen Films, diese endemische Krankheit, die periodische Aktivitätsschübe produziert", schreibt Autant-Lara einem Amerikanismus zu, der sich äußerst raffinierter Methoden bedient, um die Nationen in einen chronischen geistigen Dämmerzustand zu versetzen. Die gleichen kritischen Marginalien ließen sich natürlich auch auf alle anderen Kunstbereiche ausweiten, die sich von einer "zynisch lächelnden Diktatur" in ihren natürlichen Entfaltungsmöglichkeiten drastisch eingeschränkt fühlen.

Die französische Jugend ist nach der Überzeugung des französischen Filmemachers vorsätzlich der eigenen Kultur entfremdet worden. Sie ist seit zwei, drei Generationen einer "internationalistischen Prügelorgie" unterworfen und einer ständigen geistigen Vergewaltigung durch importierte Kulturgüter ausgesetzt.

"Diese Jugend wird systematisch abgelenkt und zerstreut: von Western, von Videoclips, von Walkman, von Rock and Roll, von Coca-Cola. Alles wird getan, damit sie sich um nichts Französisches mehr schert und von der französischen Kunst nichts mehr erwartet."

Autant-Lara hält es durchaus nicht für illusionär, daß diese um ihre geistigen Abenteuer betrogene Jugend eines Tages bei den Comics, die für Analphabeten konzipiert sind, landet. Damit haben die Amis schließlich erreicht, was sie in der Tat beabsichtigten: "ein subventioniertes Bild der geistigen Debilität der Gegenwart."

Dieser progressive Schwachsinn läßt sich in allen Ländern Europas, die vom Amerikanismus verseucht wurden, durch die Bank feststellen. Wohin man auch seine Blicke richtet, nichts als ein einschläferndes Mittelmaß. Mehr an durchschlagenden geistigen Impulsen ist von einer Jugend, die in den vom amerikanischen Management installierten Diskotheken nachwächst, nicht zu erwarten. Dieser unorganisierte Lärm bringt unsere "Kids" um den letzten Verstand. Wer die Liste des Nachwuchses unter den amtierenden Künstlern auch nur flüchtig überfliegt, wird sich keine Illusionen mehr darüber machen, wohin der europäische Karren eigentlich saust, nämlich in den Abgrund.

Welche menschliche Verarmung auf der ganzen Linie also! Selbst in den südlichen Ländern dieses ausgepowerten Erdteils, der demnächst auch an die Brüsseler Apparatschiks verschaukelt werden soll, ist die geistige Dürre ausgebrochen. Sie alle befinden sich auf dem direkten Wege, einem gesamteuropäischen Ameisenstaat und später der Neuen Weltordnung zugeschlagen zu werden, der ihnen in Bezug auf Kleidung, Ernährung und Wohnung eine unerträgliche Uniformität aufzwingen dürfte.

Wie die anderen Europäer hat es auch unseren Verbündeten im Zweiten Weltkrieg, die Italiener, kalt erwischt. Die Umwälzungen des Jahres 1989 haben bei ihnen die vielzitierten "italienischen Zustände" zunächst einmal beendet. Eine ganze bis auf die Knochen korrupte Bande von Berufspolitikern wurde aus ihren Ämtern geschaßt und vor den Kadi zitiert.

Aber glücklicher sind diese ebenfalls in den Dunstkreis des Amerikanismus gearteten Südländer deswegen nicht gerade geworden. Man will sogar wissen, sie hätten inzwischen auch noch das Singen verlernt. Jedenfalls hat ein wohl unbestechlicher Beobachter der italienischen Szene, der Journalist Cesare Marchi, in einem Pamphlet mit dem Titel "Wir sind keine armen Leute mehr" einige erhebliche Abstriche im sonst so üppigen Seelenhaushalt seiner Landsleute gemacht und damit einige Unruhe im Lande ausgelöst.

Nach Marchis Auffassung haben die Italiener in einer computergesteuerten Plastikwelt ihre Vitalität im Laufe der Nachkriegsjahre weitgehend eingebüßt. Konversation und jede Art von harmlosem Quatsch hat man ihnen gehörig ausgetrieben. Das neue, extrem materialistische Wohlstandsdenken ist ihnen allem Anschein nach miserabel bekommen. Man hat ihrem sonst so überschäumenden Temperament offensichtlich Handschellen angelegt.

Das aus den USA importierte Zweckmäßigkeitsdenken hat die Reste der noch vorhandenen menschlichen Wärme merklich abkühlen lassen. Keine Hausfrau, die noch bei offenem Küchenfenster singt, kein Gast, der in seiner Osteria noch eine Arie schmettern würde. Wem es noch nach Gesang gelüstet, erhält ihn aus zweiter Hand von der Unterhaltungselektronik. Selbst Fast-Food ist in diesem klassischen Land der Makkaroni- und Spaghetti-Verzehrer in ungehemmtem Vorrücken begriffen.

Nicht nur in der Politik, sondern auch im Geschäftsleben haben sich die aus den USA eingeschleusten Gangstermethoden eingeschlichen. Der vierfache Ministerpräsident der allerchristlichsten Partei des Landes, Andreotti, hat sich mafioser Methoden bis hin zum organisierten Mord zu verantworten, und eine ganze ansehnliche Equipe von altgedienten Parlamentariern, von denen es einst hieß, sie hätten sich unsterblich um das Vaterland verdient gemacht, sind inzwischen in den Knast abgewandert, falls es ihnen nicht gelungen ist, sich rechtzeitig aus dem Staub zu machen.

Erstaunlicherweise haben selbst die Russen bei ihrer instinktiven Abwehr des Amerikanismus eine kürzere Leitung gehabt als wir. Sie hatten nach dem spektakulären Zusammenbruch ihrer Sowjetdiktatur schlagartig begriffen, was von den Amis für sie zu erwarten war, nämlich das totale Chaos und eine maßlose Verarmung der schweigenden Mehrheit im Lande. Bezeichnenderweise waren die Yankees mit ihren ideologischen Avantgarden sogleich in stattlichen Horden angerückt, um die sogenannte soziale Marktwirtschaft unter die Leute zu bringen und dabei natürlich gehörig abzusahnen.

Die abrupt einsetzende Macdonaldisierung der Großstädte peitschte dann auch sogleich die Wellen eines affektgeladenen Antiamerikanismus hoch. Boutiquen, Bars, Bordelle, Spielhöllen und Supermärkte, ohnehin nur für die aufsteigende gesellschaftliche Klasse der Mafiosi installiert, schufen betont antiamerikanische Ressentiments im Lande. Heute hat diese Aversion bereits bedenkliche Ausmaße angenommen. Jedenfalls verbindet die 260 verschiedenen Parteien jeglicher Couleur eine geschlossene Volksfront gegen den Amerikanismus. Wie auch immer die Duma-Wahlen ausfallen mögen, immer belegen sie den extrem antiamerikanischen Trend.

Die antisemitische Parole: "Schlagt die Juden, rettet Rußland!" wurde durch den Schlachtruf: "Schlagt die Yankees, rettet Rußland!" erweitert. Selbst in Kreisen der russischen Intelligenzija hat sich die griffige Formel durchgesetzt: "Die jetzige, von Amerika und Israel abhängige Regierung hat Rußland größeren Schaden zugefügt als Napoleon und Hitler!" Diese Sentenz wäre natürlich auch cum grano salis auf unsere lustlos dahindümpelnde und ihrer Auflösung entgegenträumenden Bundesrepublik verwendbar. Nur findet sich leider niemand, der die Zivilcourage aufbrächte, sie in unseren kommunen politischen Sprachschatz einzubringen. Im Gegensatz zu Rußland, wo man alles sagen darf, steht das Recht der freien Meinungsäußerung bekanntlich nur noch in der Präambel eines wackligen Grundgesetzes.

Immerhin: nach mehr als siebzig Jahren einer totalen "Entortung" besteht die begründete Hoffnung, daß wenigstens die Russen die Chance einer völkischen Wiedergeburt beim Schopfe zu packen verstehen. Alexander Solschenizyn, der im amerikanischen Staat Vermont bitterböse Erfahrungen mit dem amerikanischen Lebensstil und den damit verbundenen kulturellen Defiziten der USA machen konnte, gilt heute in seinem Lande als Leitfigur einer nationalen Neuorientierung, die mit einer wie immer auch gearteten Westbindung überhaupt nichts im Sinn hat. Die sich wieder formierenden russischen Patrioten greifen vor allem auf Stolypin zurück, auf diesen letzten Reformer im Zarenreich, der das vom Untergang befallene Land noch einmal durch eine "Herrschaft der Bodenständigen" vor der heraufziehenden Menschheitskatastrophe und dem bereits vorausberechenbaren sozialistischen Experiment bewahren wollte.

Der heutige russische Nationalismus basiert daher auf einer betonten Regeneration von noch unverbrauchten Volkskräften. Man versucht, dort wieder anzuknüpfen, wo die bewährte russische Tradition durch die Revolution mit einem Schlage abgerissen wurde. Dabei beruft man sich auf die altrussischen Tugenden wie Heimatliebe und Gemeinschaftssinn. Der Begriff "Volk", der lange Zeit verfemt war, erhält mit einem Male wieder einen geradezu sakralen Nimbus.

Das letzte Wort über Rußlands Zukunft ist zwar noch nicht gesprochen, doch heben sich schon die Konturen einer neuen Ära vom verdüsterten politischen Horizont ab. Wahrscheinlich müssen auch die Russen nach den osteuropäischen Völkern morgen noch durch das Inferno des Amerikanismus hindurchschreiten. Der betont westliche Kurs des Boris Jelzin hat das Land in einen chaotischen Zustand hineinmanövriert. Die Gewaltkriminalität übertrifft mittlerweile alle amerikanischen Rekorde um ein Vielfaches. Selbst weite Teile der Rechtspflege hat die Mafia fest in ihrer Hand. Ihre Killerkommandos beherrschen die Straßen und halten mit ihren Maschinenpistolen die Massen in Schach. Verständlich daher, daß maßlos enttäuschte und von der Demokratie im Stich gelassene Russen das Fazit ihrer Erfahrungen mit dem neuen demokratischen System in die lapidaren Worte zusammenfassen: "Als Stalin herrschte, waren wir satt und gefürchtet. Jetzt sind wir hungrig und verachtet." Ein schlimmeres Armutszeugnis könnte man dem real existierenden Amerikanismus kaum ausstellen. Daß man die alten Sowjetbonzen wieder in hohe und höchste Ämter des Staates wählt, hat so seine ganz besondere psychologische Qualität.

Man mache sich nichts weis: Auch bei dem Aufflammen des Antiamerikanismus handelt es sich wie beim Antisemitismus nicht etwa um ein raffiniert inszeniertes Medienspektakel, sondern um einen wirklich elementaren Ausbruch der gebeutelten russischen Volksseele, die sich von herbeigelaufenen volksfremden Technokraten nicht wieder in einen neuen und dazu noch chaotischen Termitenstaat vereinnahmen lassen möchte.

Der drastische Anschauungsunterricht von nur wenigen Jahren hat den Russen die Augen für das Debakel des Kapitalismus geöffnet. Diese Monate ihres totalen Mißvergnügens haben ausgereicht, ihnen klarzumachen, wo sie den Hauptfeind ihres Landes zu sehen haben. Der Kapitalismus westlicher Herkunft hat das Land in einen Zustand unaufhaltsamer "Verwesung" versetzt. Man fühlt sich völlig schutzlos einer Amerikanisierung ausgeliefert, der auf dem direkten Weg in die Anarchie zu führen scheint.

Zweifellos sind die Vereinigten Staaten von Amerika der Feind der Russen schlechthin. Eben diese Einsicht hat einiges dazu beigetragen, die Russen wieder näher an die Deutschen heranzurücken. Man empfindet so etwas wie eine Bundesgenossenschaft zum Weltkriegsgegner, dessen tapfere und disziplinierte Armee man immer noch bewundert. Die westliche materialistische Zivilisation aber, wie sie am abstoßendsten von der USA repräsentiert wird, lehnen beide Nationen im Interesse ihres Überlebens ab. Rücksichtsloser Haifischkapitalismus, Mafia, Regierungskorruption, Massenarbeitslosigkeit, Geburtenrückgang und Abtreibung werden als Symptome eines sterbenden Volkes mit Bedauern zur Kenntnis genommen.

Die wenigen noch deutsch empfindenden Deutschen, die angesichts einer unerbittlichen Gesinnungsdiktatur in ihrem Lande keinerlei Aussicht haben, politisch an Boden zu gewinnen, und russische Patrioten stehen heute in einer Front im Kampf gegen Liberalismus und Kapitalismus, gegen Hedonismus und Materialismus. Unser nationales Schicksal ist nicht mehr von der Entwicklung in Rußland zu trennen. Mit der russischen "Wiedergeburt" könnten auch wir uns neue Impulse für unser zwar niedergeknüppeltes, aber deswegen noch keineswegs erloschenes Nationalgefühl versprechen. Natürlich traut man im Westen den zu Geschichtsmonstern herabgewürdigten Deutschen nicht mehr so recht über den Weg. Man orakelt schon, sie würden sich dem Osten gegenüber öffnen, sobald die Bonner Rheinbündler erst einmal abgewirtschaftet hätten und das Handtuch werfen müßten. Zur Fünfzig-Jahr-Feier unserer "Befreiung" bekamen wir wieder einmal lauter Makulatur zu hören und zu lesen. Nur der geschichtlichen Wahrheit rückte man nicht um einen winzigen Schritt näher. Überhaupt gilt der Revisionismus als eine Todsünde wider den heiligen Geist dieser Republik, deren Fernsteuerungsmechanismus immer noch wie geschmiert funktioniert.

Während wir uns über die Kriegsverbrechen von Dresden oder Hiroshima in ein beredtes Schweigen hüllen, spickt man die amerikanischen Städte mit Holocaust-Gedenkstätten, und immer noch bestückt man in Hollywood die Monster vom Dienst mit suspekten Gestalten aus der Komparserie der deutschen Nazi-Vergangenheit. Spielbergs unsägliche "Schindlers Liste" zum Exempel geht kommentarlos in und um die Welt, und man kann sich vorstellen, daß viele einfältige Gemüter den makabren Inhalt für bare Münze nehmen. "Hakenkreuze überall", so verschaffte sich kürzlich ein prominenter amerikanischer Filmkritiker Luft. Die vorwiegend jüdischen Bosse der Filmindustrie im Land der unbegrenzten Möglichkeiten leisten mit der Zementierung des Schurken-Image des bösen Deutschen ungerührt um die Folgen einen besonders originellen Beitrag zur Völkerverständigung. Das mag auch daran liegen, daß eigentlich nur wir Deutschen es uns leisten können, als Blitzableiter für das schlechte Gewissen aller moralisch Unterentwickelten dieser Welt zu dienen.

Man sucht gleichwohl in Bonn vergebens nach einer Instanz, die so etwas wie einen "Artenschutz" für uns übernehmen würde. Allem Anschein nach läßt man diese Fürsorge nur Fröschen und anderen Reptilien zuteilwerden. Statt dessen zerbricht man sich den Kopf darüber, wie man das eigene Volk durch eilig herbeigeschleuste Exoten ersetzen kann. Die Juden, die sich in der Washingtoner Administration auf die Füße treten, haben angesichts dieser lemminghaften Form von Selbstvernichtung allen Grund, sich grinsend die Hände zu reiben. Man enthebt sie ganz einfach der Mühe, sich etwas ausdenken zu müssen, um die verdammten "Huns" in die Hölle zu jagen, wohin sie nach ihrer maßgeblichen Meinung ohnehin schon längst gehören.

Die Deutschen sind von allen betroffenen Völkern dem Amerikanismus am schutzlosesten ausgeliefert. Ihre aufreizende politische Naivität schlägt wieder einmal schwindelerregende Volten. Der "lächelnde Kannibalismus" der ihnen geistig unterlegenen Amis scheint bei ihnen immer noch Eindruck zu schinden. Dabei hatte schon Bernard G. Shaw treffend formuliert, was heute viele empfinden: "Ein 100prozentiger Amerikaner ist ein 99prozentiger Idiot, der dümmste, aber auch arroganteste Chauvinist, der auf dieser Erde sein Unwesen treibt."

Wenn wir nicht aufpassen, droht uns wirklich als Amerika-Epigonen so zu werden, wie Thomas Mann uns bereits sah: "langweilig, dumm und undeutsch". Diese Prognose hat sich eigentlich längst erfüllt, nachdem wir jahrzehntelang durch die Mangel der Umerziehung gedreht worden sind. Der Verblödungsprozeß ist unseren Umerziehern so perfekt gelungen, daß man ihnen für dieses Bubenstück längst das Bundesverdienstkreuz mit Eichenlaub und Schwertern verliehen haben müßte.

Auch wenn unsere früheren Gegner weit abgeschlagen auf der Piste der Weltwirtschaft zurückgefallen sind, nachdem wir unsere von ihnen zerbombten Städte wieder auf Hochglanz gebracht haben, sind wir doch, nicht zuletzt unter freundlicher Nachhilfe amerikanisch dirigierter Medien, in den Zustand eines gemäßigten Kretinismus versetzt worden. Kulturell haben wir jedenfalls ausgespielt, und moralisch bewegen wir uns bestenfalls im Mittelfeld zivilisierter Nationen. Der Weltfeind Nummer eins hat uns gehörig die Seelenachse verbogen. Was also ist nach dieser Prozedur von uns überhaupt noch übriggeblieben? Ein Volk, das sich dem schieren Genuß ausgeliefert hat, von dem Goethe meinte, er mache nicht nur unsensibel, sondern letzten Endes auch gemein. Menschlichkeit ist schon längst keine unserer Kardinaltugenden mehr, mit denen wir der Welt imponieren können.

Sollte man da nicht lieber bei den Russen in die Lehre gehen und von ihnen lernen, daß Mammonismus eine fatale und gefährliche Lebensphilosophie ist? Denn was hülfe es dem Menschen, wenn er die ganze Welt gewönne und doch Schaden nähme an seiner Seele?

USA – Illusion und Wirklichkeit

Es besteht für uns als Zeitgenossen eines auslaufenden Jahrhunderts, von dem niemand behaupten kann, es entließe die Menschheit auf einer gehobeneren moralischen Stufe, durchaus Grund zum Pessimismus, wenn wir unsere Blicke in die nächste Menschheitsära richten. Was soll bloß aus diesem außer Rand und Band geratenen Planeten werden, der nicht zur Ruhe kommen kann? Diese Frage beginnt uns so langsam den Nachtschlaf zu rauben. Ein Trost nur bei all dem Schrecklichen, das uns umtreibt, daß sich Nietzsche bereits mit dem gleichen Dilemma herumzuschlagen hatte. Er wäre nicht einer unserer hellsichtigsten Kulturkritiker gewesen, hätte er nicht die klägliche Verfassung seiner und damit auch unserer Epoche auf den Punkt zu bringen verstanden.

"So steht es", gab er zu bedenken. "Die Verkleinerung und Ausgleichung der europäischen Menschen birgt unsere größte Gefahr; denn dieser Anblick macht müde. Wir sehen heute nichts, das größer werden will, wir ahnen, daß es immer noch abwärts geht, ins Dünnere, Gutartige, Klügere, Behaglichere, Mittelmäßigere, Gleichgültigere. Hier liegt das Verhängnis Europas: Mit der Furcht vor dem Menschen haben wir auch die Liebe zu ihm, die Ehrfurcht vor ihm, die Hoffnung auf ihn, ja den Willen zu ihm eingebüßt. Der Anblick des Menschen macht uns müde."

Seit die Amerikaner ungerufen ihren Fuß auf europäischen Boden gesetzt haben und offenbar nicht daran denken, die Europäer nicht einmal in absehbarer Zeit von ihren borniertem Umerziehungsprozeduren zu verschonen, dürfte sich der von Nietzsche fixierte Abwärtstrend zu einem wahren Höllensturz steigern, der uns alle in den Abgrund reißen kann.

Schon Oswald Spengler hatte ein ungutes Gefühl bei seinen Überlegungen, als er mutmaßte, die USA würden eines nicht allzu fernen Tages die Metastasen ihres Ungeistes auch im Lande Luthers, Dürers und Bachs munter drauflos wuchern lassen und dieses Land zumindest mental in eine wachsende Wüste verwandeln. Wir mit einer geradezu therapiebedürftigen Anpassungsfreudigkeit geschlagenen Deutschen haben die Spenglerschen Voraussagen so wörtlich wie nur möglich genommen und uns als Satelliten Amerikas anscheinend vom Ballast von Jahrhunderten befreit. Eben deshalb stehen wir heute nackt und ausgeplündert nach einer Kulturrevolution vor den noch rauchenden Trümmern unseres Kulturerbes, das einzureißen wir uns nicht zu schade waren.

Vor allem die Jugend ist rettungslos in den Sog eins alles nivellierenden Amerikanismus geraten. Sie hatte es brandeilig damit, die Idealgestalt ihrer Vätergeneration, den Bamberger Reiter, etwa gegen den vermarkteten, aber nichtssagenden Gröhler Michael Jackson einzutauschen, der unsere "Teenager" durch raffinierte Nervenreflexe zu einem Hormonkoller verhilft. Das alles weckt in uns den Verdacht, daß es sich eben doch bei Hameln um die eigentliche Hauptstadt der Deutschen handeln muß. Die in ihrer gefährlichen Unschuld so liebenswerten, leider aber viel zu leicht verführbaren Deutschen sind immer schon jedem herbeigelaufenen Rattenfänger auf den Leim gekrochen und haben sich von ihm verheizen lassen. Diesmal mußten nach der totalen Niederlage die flapsigen Amis wohl soviel Eindruck bei ihnen geschunden haben, daß sie sich ihnen bedenkenlos an den Hals warfen.

Oswald Spengler hatte uns übrigens einen neuen Menschentyp, den "Homo ocidentalis", vorausgesagt, den er mit nicht gerade schmeichelhaften Attributen ausstattete, und den er für einen Dekadent par excellence hielt. Er führte damit den von amerikanischen Mustern geprägten neuen europäischen Typus in die Diskussion ein. Dessen intellektuelle Farblosigkeit löst nur noch eine einschläfernde Langeweile aus, die alles anregende menschliche Kommunizieren ausschließt.

Einer, der ausreichend Amerika-Erfahrungen einsammeln konnte, der Literatur-Nobelpreisträger Alexander Solschenizyn, hat sich mit den Jahren als einer der profiliertesten Sprecher des Antiamerikanismus profiliert. Er warnte mit der unüberhörbaren Stimme eines Propheten allzu unkritische Europäer vor einer impulsiven Liaison mit allem Amerikanischen, um sie vor einer absehbaren Katastrophe zu bewahren.

"Wir schaffen jetzt eine grausame, raubtierartige Gesellschaft, die übler ist als die Vorbilder, die wir uns vom Westen zu kopieren bemühen", beschwört er seine unmündig in die sogenannte soziale Marktwirtschaft entlassenen Landsleute, die vom kalten Regen des Bolschewismus in die Traufe eines Haifischkapitalismus geraten sind. Gleichzeitig stellt und beantwortet er die Frage, die uns heute allen auf den Nägeln brennt: "Kann man überhaupt eine andere Lebensweise kopieren? Diese muß organisch mit der Tradition eines Landes übereinstimmen."

Mit dieser Antwort ist auch bereits ein Verdikt über die Expansionsmöglichkeiten des Amerikanismus ausgesprochen. Wer sich nicht an die von Solschenizyn aufgestellte Faustregel hält, riskiert, gemeinsam mit den bis auf die Knochen degenerierten Amerikanern in einen wohlverdienten Ruhestand der Geschichte abgeschoben zu werden.

Schließlich folgen in Solschenizyns Auslassungen jene goldenen Worte, die eigentlich allen professionellen Totengräbern Europas ins Stammbuch geschrieben werden sollten: "Die Nivellierung der Nationen wäre um nichts besser als eine Egalisierung der Menschen: e i n Charakter, e i n Gesicht. Die Nationen bedeuten den Reichtum der Menschheit. Die Gesamtheit der verschiedenen Persönlichkeiten, selbst die geringste Nation trägt ihre besondere Farbe, birgt eine eigene Facette göttlichen Entwurfs in sich." Wer sich an dieser prästabilisierten Ordnung vergreift, heißt das also, versündigt sich an der Schöpfung und hat für den daraus resultierenden Schaden selbst aufzukommen.

Um bei Solschenizyn zu bleiben, der dem Amerikanismus vor Ort hautnah begegnet war, so hat er uns eine durchaus ermutigende Botschaft mit auf unseren nationalen Lebensweg zu geben: "Entgegen vieler Voraussagen weiser Apologeten des Humanismus und des Internationalismus verlief das 20. Jahrhundert unter einer weltweiten erheblichen Verstärkung der nationalen Gefühle, und dieser Prozeß weitet sich noch aus. Die Nationen widersetzen sich den Versuchen einer weltübergreifenden Nivellierung ihrer Kulturen. Das Nationalbewußtsein aber muß man überall und ausnahmslos respektieren."

136

Man höre und staune: selbst der israelische Präsident Ezer Weizman warnte seine Landsleute, deren so sorgsam gehütete biologische Substanz er ernsthaft bedroht sah, vor der zunehmenden Amerikanisierung seines Landes. Als nämlich bei einem Rockfestival im Süden Israels einige Fans von der entfesselten und emotional aufgeladenen Masse totgetrampelt und viele andere verletzt wurden, war auch seine Toleranzgrenze gegenüber allem Amerikanischen überschritten. Er unternahm einiges, um nicht gerade aufbauenden amerikanischen Symbolen wie Michael Jackson, Madonna oder MacDonald weitere Expansionsmöglichkeiten im Judenstaat zu unterbinden. Gleichzeitig empfahl er dringend, die Beschäftigung mit der eigenen Kultur zu intensivieren. Bei uns allerdings wären Politiker gleich weg vom Fenster, brächten sie im Interesse des Überlebens der Deutschen den selbstmörderischen Mut auf, ähnliche Töne anzuschlagen und an die Jugendlichen zu appellieren, endlich Räson anzunehmen und auf den Pfad der nationalen Tugenden zurückzukehren. Aber dafür haben wir auch den Vorzug, in einem vollklimatisierten Tollhaus unsere kurzen Tage verdämmern zu dürfen.

Als nach dem Ersten Weltkrieg die Deutschen sich ihre noch nicht vernarbten Blessuren leckten, nutzten die Amis bereits die Gunst der Stunde, um eine völlig desorientierte Nation auf ihre Fasson umzufunktionieren. Damals wies Gottfried Benn schon darauf hin, das Abendland würde am schändlichen Egoismus seiner Intellektuellen zugrunde gehen. Die Geschichte hat nach einem Interregnum von zwölf Jahren, in dem der Nationalismus noch einmal unsere Bolschewisierung verhindern konnte, Benns Diktum verifiziert. Bestenfalls die ältere Generation zehrt zur Zeit noch vom unausschöpfbaren geistigen Fundus des Deutschen Idealismus. Die von den zersetzenden Indoktrinationen der Frankfurter Schule narkotisierten "Kids" bewegen sich hingegen längst durch lauter wachsende Wüsten, ohne es offenbar zu bemerken. Man hat ihnen nicht nur ein elementares Nationalgefühl amputiert, sondern ihnen auch die eigene Geschichte gestohlen.

Natürlich könnten sie durch die Lektüre einer römischen Geschichte der Verfallszeit auch den Amerikanern ein wenig auf ihre Schliche kommen und durch entsprechende Analogien feststellen, auf welcher Stufe menschlicher Vollkommenheit sie sich gerade bewegen. Man kann heute schon die Bilanz dessen ziehen, was die USA im Laufe ihrer kurzen Geschichte an "messianischem Unheil" heraufbeschworen haben. Im Endeffekt kann man zu keiner anderen Schlußfolgerung gelangen als Clemenceau, der bei seiner Analyse Amerikas nur eine nicht abreißende Kette eines sukzessiven Verfalls feststellen zu können meinte. Ein Land mit so unerhörten Ressourcen hat sich eben tief unter seinem Wert verkauft. Heute macht es vorwiegend nur noch durch Skandale von sich reden.

Nicht einmal Hollywoods verkitschte Seifenopern, die alle Schönheitsflecken der amerikanischen Vergangenheit wegzuretuschieren versuchen, können darüber hinwegtäuschen, daß Barbarei und Schießwütigkeit des Wilden Westens noch keineswegs durch bürgerliche Wohlanständigkeit ersetzt wurden. Noch immer ist in diesem gottverlassenen Land der Mensch des Menschen

Wolf, wenn man uns auch weismachen will, seit dem Einzug der frommen Pilgerväter wäre es in Gottes eigenem Land vorwiegend christlich zugegangen. Dabei hat die gesellschaftliche Kälte in den USA geradezu rekordverdächtige Minusgrade angenommen.

Wie wäre es denn nun, wenn der gute alte Uncle Sam statt der allenthalben installierten Holocaust-Museen zur Abwechslung auch einmal Gedenkstätten für die auf der Schlachtbank der Weltgeschichte geopferten Indianer oder auch für die zu vielen Millionen umgekommenen Negersklaven errichten würde? Ein Blick zurück in die amerikanische Geschichte erklärt ausreichend, warum man sich ausgerechnet die Deutschen dazu auserwählt hat, ganze Kübel polemischen Unrats über sie auszuschütten und sie immer wieder von neuem vor den Pranger der Geschichte zu zitieren. Diese allein machen nämlich den Buckel krumm, wenn man sie zur Alibifunktion für eigene Verbrechen mißbraucht.

Man hat verdammt allen Grund, den Schwarzen Peter weiterzuschieben. Dreck hat man genug am Stecken, auch ist man kulturell bestenfalls ein bescheidenes Kirchenlicht und bewegt sich auch sonst unter der Gürtellinie des guten Geschmacks. Wer also die Deutschen Mores lehren will, muß schon mit stärkerem Kaliber aufwarten. Eben erst traute sich nämlich die "National Assessment of Education Progress" mit einer peinlichen Bilanz an die Öffentlichkeit. Danach sind 700.000 der jährlichen Schulabsolventen nicht imstande, ihre Zeugnisse überhaupt zu lesen. 14 Prozent der 18jährigen Amerikaner sind praktisch Analphabeten. Unter den 21- bis 25-Jährigen sind nur 60 Prozent der Weißen, 40

Prozent der Latinos und nur 25 Prozent der Schwarzen imstande, einen Zeitungsartikel zu lesen oder einem Lexikon die notwendigen Informationen zu entnehmen. Nur 44 Prozent der Weißen, 20 Prozent der Latinos und 8 Prozent der Schwarzen können ausrechnen, wieviel Wechselgeld sie nach Bezahlung einer Restaurantrechnung herausbekommen.

Und was die soziale Misere anbelangt, so müssen 20 Millionen Amerikaner von der Wohlfahrtsunterstützung und von kirchlichen Suppenküchen versorgt werden. 1,2 Millionen sind obdachlos, und 1,5 Prozent der weißen, 40 Prozent der latinischen und 45 Prozent der schwarzen Kinder leben unter der Armutsgrenze.

Angesichts der 30.000 Mordopfer, die in der offiziellen Kriminalstatistik auftauchen, wird es immer gefährlicher, in diesem Land mit einem hochgezüchteten Männlichkeitskult und einer unsterblichen Cowboy-Mentalität zu leben. Dabei ist das Gewissen dieser Nation immerhin mit dem Mord an 60 Millionen Indianern belastet. Die Hekatomben von toten Negersklaven gehen vor allem auf das Konto der jüdischen Händler, die an diesem Geschäft mit dem Tod sich goldene Nasen verdienten.

Uns wäre mit der Aufdeckung dieses Schreckensszenarios schon damit gedient, wenn wir, die wir bekanntlich aus dem Stoff geschaffen sind, aus dem auch die Träume sind, uns lieber darauf konzentrieren würden, den "Dream of German Nation" zu Ende zu träumen. Wir sollten uns endlich einmal um uns selbst kümmern, ehe man unsere kläglichen Überreste auf den Kehrichthaufen der Geschichte karren müßte. Vielleicht hat diese uns noch dazu ausersehen, diesen Erdteil wieder einmal gegen die von Ost und West einfallenden Termitenschwärme zu verteidigen.

Wenigstens einer unter den amerikanischen Intellektuellen hatte keine Schwierigkeiten damit, die geistige Überlegenheit der Deutschen über das Yankeetum zu bestätigen. Wir meinen Ralph Waldo Emerson, der seinen nicht gerade geisterleuchteten Landsleuten die Unfähigkeit unterstellte, auch nur einen Gedanken der philosophischen Systematiker im fernen Deutschland begreifen und nachvollziehen zu können. Von den gleichen Deutschen, die auch heute noch ihre Existenz auf die Erträgnisse ihrer soliden Arbeit aufzubauen pflegen und sich nicht nur unseriöser Taschenspielertricks bedienen, um zum schnellen Geld zu kommen, erwartet die Welt anscheinend immer noch, sie würden sich eines Tages wieder rappeln, um diese von Intellektuellen und Technokraten entzauberte Welt doch noch vom Fluch des Mammonismus zu erlösen. Wenn irgendeiner Nation, traut man ihnen noch am ehesten den Mut zum Idealismus zu.

Voraussetzung für eine solche Renaissance wäre allerdings, sie würden sich von der lähmenden Westbindung, die seit Adenauers Tagen wie ein Fluch über uns liegt, abnabeln und zu neuen Ufern aufbrechen. Entweder wir fahren gedankenlos fort, Brooklyn, Harlem, San Francisco oder eines der anderen modernen Sündenbabel zu kopieren, oder aber wir raffen uns noch einmal auf, um unseren geschichtlichen Auftrag gewissenhaft zu erfüllen. Nach menschlichem Ermessen dürfte dieser vor allem darin bestehen, das Abendland vor der großen amerikanischen Apokalypse zu bewahren und der entmythologisierten Welt wieder eine Seele einzuhauchen.

Wann aber werden wir endlich begreifen, um was es heute eigentlich nur noch geht? Es geht nämlich um den geradezu eschatologischen Kampf zwischen Ormudz und Ahriman, wie Stefan George bereits herausgefunden hatte, um die Auseinandersetzung des spirituellen Idealismus gegen einen alles zermalmenden Materialismus, der uns heute so unbarmherzig beim Wickel hat. Wer anders als die vielgelästerten Deutschen, die einmal als ein echtes Märtyrervolk in die Geschichte eingehen könnten, wären denn dazu aufgerufen, die letzten geistigen Besitzstände der Welt vor dem großen Tohuwabohu eines zur Zeit noch dominierenden Nihilismus amerikanisch-jüdischer Herkunft zu bewahren? Um dem heutigen Inferno zu entgehen, müßte der Mensch sich das Bewußtsein zurückerobern, daß es sich bei ihm recht eigentlich um einen Wanderer zwischen zwei Welten handelt, der sich nicht damit abfinden läßt, daß seine Zeitgenossen Gott für tot erklärt haben. Schon für die Griechen stand es ja fest, daß sich der Mensch nur dann eine Überlebenschance ausrechnen kann, wenn es ihm gelingt, dem Leben wieder einen spirituellen Sinn zu verleihen.

Bei den USA handelt es sich jedoch um ein gottverlassenes Land, in dem der profanste Materialismus inzwischen exorbitante Ausmaße angenommen hat wie im verfaulenden Rom des 4. nachchristlichen Jahrhunderts. Entsprechende Analogien stellen sich ebenfalls von selbst ein, wenn man die veräußerlichte und ganz aufs Sensationelle hin tendierende Religionsausübung amerikanischer Sekten unter die kritische Sonde nimmt. Ein Land, auf dessen milliardenfach verbreiteten Dollar-

Banknoten die geradezu provokative Floskel "In God we trust" der Welt weismachen will, die Amerikaner unterhielten einen besonders innigen Kontakt zu irgendeinem geheimnisvollen Gott, scheint keine Schwierigkeiten damit zu haben, diesen Gott auch als Partner für ihre keineswegs immer sauberen Geschäfte in Anspruch zu nehmen. Natürlich ist dieser obskure Gott – wie könnte es auch anders sein? – nur für Angehörige des auserlesenen Volkes der Amerikaner zuständig und kann jederzeit von ihnen mit ihren alltäglichen Problemen behelligt werden. Es hat sich offenbar überhaupt nichts daran geändert, daß man nach bewährter angelsächsisch-jüdischer Tradition von Gott redet und Kattun meint.

Alle philosophischen Köpfe, die in den USA vor Ort Gelegenheit hatten, den amerikanischen Volkscharakter zu studieren, gelangten zu dem Resultat, daß die Selbstkritik in Gottes eigenem Land arg zu wünschen übrigläßt. Unbedenklich nehmen die Amis für sich in Anspruch, zu den führenden kulturträchtigen Nationen zu gehören. Hermann Graf Keyserlingk war einer von denen, welche sich vom unbedarften amerikanischen Pragmatismus nicht imponieren ließen, sondern seine Hohlheit schonungslos aufdeckten.

"In Europa galt finanzielle Macht als letzte Instanz", gab er zu bedenken. "Diesem höchst wunderlichen Glauben zu huldigen, gehört zu den Originalitäten der Vereinigten Staaten. In Amerika glauben die Leute wirklich, daß der Reiche eben darum ein überlegener Mensch ist; in Amerika schafft Geldgeben tatsächlich moralische Rechtsansprüche." Kein Wunder übrigens, denn dieses menschlich unterentwickelte Land kennt bloß drei Ideale: Gewalt, Geld und Heuchelei.

Wir Angehörige einer "metaphysischen Nation" (Madame de Staël) sollten uns dafür zu schade sein, uns von amerikanischen geistigen Kretins beibringen zu lassen, was es mit den hohen Menschheitsidealen auf sich hat. Wir haben diese schon exemplarisch vorgelebt, als von ihnen überhaupt noch keine Rede war. Was die Ideale betrifft, so ist es den Amerikanern nie so recht gelungen, die Kluft zwischen Theorie und Praxis zu überbrücken. Sie sind die gleichen unbedenklichen und eben deshalb auch erfolgreichen Praktiker des Lebens geblieben, die sie von allem Anfang an waren. Es machte ihnen nur wenig aus, sich mit einem Salto mortale immer und überall über alle moralischen Prinzipien der zivilisierten Menschheit hinwegzusetzen. Daß ihre Oberschicht den Angelsachsen ihren "Cant" zur Vertuschung ihrer moralischen Defizite abgeguckt haben, macht sie nicht gerade liebenswerter.

Man hat heute zwar keinen Anlaß mehr, Indianer wie am Fließband zu killen, dafür verfährt man mit potentiellen Konkurrenten nicht gerade sensibler. Mit den Juden, die nach menschlichem Ermessen auch in der Clinton-Administration reichlich überrepräsentiert sind, teilt man die Umtriebigkeit von Nomaden, die sich anderen Völkern geradezu aufdrängen. Heute schlägt der Antisemitismus in den USA hohe Wellen. Die schwarzen Bürger des Landes haben sich nämlich erlaubt, einmal ein wenig in der blutigen Geschichte des Sklavenhandels nachzugraben. Was sie da zu lesen bekamen, fiel nicht gerade schmeichelhaft für die Juden aus und hat in den inzwischen mobilisierten schwarzen Massen gefährlich brodelnde Ressentiments ausgelöst. Bürgerkriegsähnliche Rassenkämpfe stehen inzwischen auf der Tagesordnung dieser multikulturellen Gesellschaft, die zu explodieren scheint. Daran ändern auch verzweifelte Bagatellisierungsversuche nicht das Geringste. Man kann die Krawalle bestenfalls noch ein paar Jährchen hinausschieben und sich eine Gnadenfrist verschaffen. Dann aber dürften sie wie eine elementare Naturgewalt losbrechen und den "Melting pot", der uns so dringend zur Nachahmung empfohlen wird, in die Luft jagen.

Alles in allem stellt sich immer wieder heraus, daß die Musterdemokratie Amerika im Grunde nur ein Phantomgebilde ist, hinter dem sich eine totalitäre Geldmonarchie verbirgt. Diese ist als Führungsmacht des Westens inzwischen aus der Balance geraten, und es ist nur noch eine Frage der Zeit, wann das Land von seinen Problemen und vom Staatsbankrott überrollt wird. Dann werden die Lichter im ganzen Land ausgehen, und es wird zu spät sein, maßlos frustrierte Bürger unter einem zerfetzten Sternenbanner noch einmal zu sammeln. Man hat wertvolle Zeit verstreichen lassen, und alle Chancen, welche eine verschwenderische Natur diesem Lande zuspielte, in den Wind geschlagen. Heute ist man am "Point of no return" angelangt, an dem der losgelassene und ungebändigte Egoismus in Anarchie umschlägt und den Kampf aller gegen alle einleitet, in dem es weder Sieger noch Besiegte geben dürfte.

Der alte Uncle Sam ist, wie verlautet, inzwischen an der Alzheimerschen Krankheit erkrankt, gegen die noch kein Kraut gewachsen ist. Er hat sich selbst überlebt und sollte seinen Abtritt hinter den Kulissen der Geschichte mit einigem Aplomb vollziehen, ehe er vom Publikum ausgepfiffen wird. Das Land ist längst eher von hamletschen Spielernaturen als von kraftstrotzenden und bedenkenlos ihre Interessen vertretenden Tatmenschen bevölkert. Heute scheint diese selbst das tragische Schicksal zu treffen, das sie anderen kaltblütig bereitet haben. Die 60 Millionen Indianer, die ihnen menschlich sicher hoch überlegen waren, und die seelisch bereits hart angeschlagenen Europäer, die sich immer weniger dem geplanten Seelenmord widersetzen können, hätten angesichts dieser sich anbahnenden Entwicklung kaum eine Veranlassung, Trauer zu artikulieren.

Und schließlich und endlich bleibt uns von den Deutschen zu hoffen, daß für sie noch nicht das Ende aller Tage gekommen ist, wenn sie wieder ihren Idealismus entdecken, der sie von anderen stets so vorteilhaft unterschieden hat, und daß sie ihre geistigen Energien in den Kraftakt investieren, den Kampf gegen Materialismus, Mammonismus, Liberalismus und Hedonismus aufzunehmen. Die Welt traut uns den Impuls durchaus zu, das verunstaltete Menschenbild durch ein menschenwürdigeres zu ersetzen. Wem denn sonst?

Blühende Dekadenz

Immer wieder verschonten auch amerikanische Bürger, welche die Zustände in ihrem Land nicht akzeptieren wollten und konnten, die USA keineswegs mit ihrer Kritik. Sie taten es in der wohlgemeinten Absicht, dem hinkenden Koloß Amerika wieder ein wenig auf die Sprünge zu helfen und ihm den Spiegel vorzuhalten, damit er die Chance hätte, unübersehbare Schönheitsflecken dezent zu beseitigen. Wie die Dichter der römischen Verfallszeit übernahmen auch sie gewiß nicht populäre Rollen von Regenpfeifern, die bereits ein Unwetter anzukündigen pflegen, wenn andere sich noch der Illusion eines ewigen Frühlings hingeben. In einem Land, in dem ein billiger Zweckoptimismus zum durchschlagenden Lebensprinzip erhoben ist, galten sie immer nur als lästige Störenfriede, die man sich lieber vom Hals halten sollte.

Vor allem der im Jahre 1803 in Boston geborene Popularphilosoph Ralph Waldo Emerson war einer dieser Ausnahmeamerikaner, die weit über das geistige Umfeld des eigenen Landes hinausgewachsen waren und daher aus der Distanz über einen unbestechlichen Blick für die neuralgischen Punkte ihres Landes verfügten. Emerson trieb die panische Angst um, eines nicht allzu fernen Tages könnte der eiskalte amerikanische Geschäftsgeist die ganze Welt infizieren und noch bestehende hochentwickelte Volkskulturen gnadenlos auslöschen. Bezeichnenderweise empfahl er als Therapie, die hingegebene Beschäftigung mit dem Deutschen Idealismus, in dessen Zeugnissen dieser passionierte Goethe-Verehrer sich bestens auskannte.

Selbst einer der populärsten Präsidenten der Vereinigten Staaten, Theodore Roosevelt, brachte die Zivilcourage auf, die Schwachstellen im Charakter seiner Landsleute unerbittlich zu dekuvrieren.

"Es gibt keinen gemeineren Charakter als einen Amerikaner, der nur Geld rafft, kein Pflichtbewußtsein besitzt und ein Vermögen macht, ohne Grundsätze zu respektieren", brachte er die Grundzüge des amerikanischen Charakters auf den Punkt. Erstaunlicherweise forderte derselbe Mann, wie schon erwähnt, die Yankees auf, bei ihren wirtschaftlichen Eroberungen durch die Welt möglichst leise zu sprechen, aber immer einen Knüppel mit sich zu führen.

Von dem prominenten amerikanischen Philosophen George Santayana, der an der Universität in Harvard einen Lehrstuhl betreute, liegt folgendes Psychogramm der Amerikaner vor, das nicht gerade schmeichelhaft für diese ausfällt: "Obgleich Amerika immer überzeugt gewesen ist, das Land der Freiheit par excellence zu sein, so gibt es doch kein zweites, in dem Menschen unter einem überwältigenderen Zwang leben. Man hat einen tödlichen Haß auf unzähmbare Menschen und reine Seelen."

Dieses erschreckende Verdikt des Amerikanertums übertraf eher noch an Härte einen der profiliertesten Lyriker des Landes, der schon zitierte William C. Williams, mit einem ernüchternden Wort, das die Leiden eines Dichters an seinem gewalttätigen Vaterland transparent macht: "Das Unmoralische, das ist Amerika. Mit dem Unmoralischen hat es begonnen." Und mit dem Unmoralischen wird es mit ihm zu Ende gehen, ist man versucht, dieses Aperçu fortzusetzen. Auch eine noch so rabiate Umerziehung, falls man sich zu einer realistischen Einsicht der eigenen charakterlichen Defizite wirklich einmal durchringen könnte, würde diesen fatalen Volkscharakter so wenig wie einen individuellen Charakter modifizieren können. Man kann daher davon ausgehen, daß die Amerikaner ihr gespaltenes Verhältnis zu einer etwas anspruchsvolleren Ethik nicht korrigieren werden.

Der wohl bedeutendste amerikanische Dramatiker, Eugene O'Neill, artikulierte schließlich sein Unbehagen an der unterentwickelten geistigen Ausrüstung seiner Landsleute eher noch drastischer. "Es ist traurig, es sagen zu müssen", gab er zu Papier, "aber es gibt in diesem Land nichts Wesentliches mehr, für das man leben könnte. Alles ist erlaubt, wenn Du den Dreh kennst. Ich bin der Überzeugung, daß Amerika der größte Mißerfolg der Geschichte ist. Es ist ihm mehr, viel mehr gegeben worden als irgendeinem anderen Land der Welt. Aber wir haben unsere Seelen verloren. Wir haben versucht, in den Besitz von etwas zu gelangen, was jenseits von uns liegt. Es wird das alles enden, wie diese Geschichte immer geendet hat: Wir werden nicht nur unsere Seelen verlieren, sondern auch das, was wir versucht haben, in unseren Besitz zu bringen." Man könnte in Parenthese noch hinzusetzen, daß die häßlichen Amerikaner nicht nur ihre eigene Seele verspielen werden, sondern, was weitaus schlimmer ist, auch die Seelen anderer Völker mit sich in den Abgrund reißen.

Einen ähnlich rigorosen Geschichtspessimismus wie

O'Neill vertrat überraschenderweise auch John F. Kennedy, als er im Jahr 1961 in seiner "Rede an die Nation" seinen Zweifel an die Überlebenschancen seines Landes in dessen damaliger desolaten Verfassung anmeldete. Er war sich damals nämlich keineswegs gewiß, ob sein Land überhaupt bis ans Ende seiner Regierungszeit überleben würde.

Auch scharfsichtige europäische Beobachter der amerikanischen Szene beschlich immer wieder der Gedanke von der "blühenden Dekadenz" der Neuen Welt, die noch Goethe in einem jugendfrischen Aufstieg sah. Ganz im Sinne auch anderer unerbittlicher Kulturkritiker notierte der englische Satiriker G. K. Chesterton eigentlich nur das, was so viele Europäer ohnedies schon lange im Herzen bewegten: "Woran die Neue Welt in diesem Augenblick denken sollte, ist nicht, wie wenige Jahre sie von ihrer Geburt, sondern von ihrem Untergang trennen."

Thomas Mann, der seine Emigrantenjahre in den USA verbracht und in diesen Jahren seinen Blick für Land und Leute geschärft hatte, zog es nach Kriegsende dann eben doch vor, das "Gangsterland", das ihn "tief anwiderte", so schnell wie nur möglich zu verlassen. "Wo irgendwo Klugheit ist", orakelte er nämlich, "da wird man antiamerikanisch werden."

Auch Amerikas wohl bedeutendster Intellektueller in der ersten Hälfte unseres Jahrhunderts, Ezra Pound, ein inspirierter Dichter auf jeden Fall und ein scharfsinniger Sozialphilosoph dazu, der es bereits zu einer Art von lebendigem Nationaldenkmal gebracht hatte, setzte seinen ganzen geistigen Elan daran, die USA daran zu hindern, ihrem Sendungsbewußtsein auch weiterhin ungehemmten Lauf zu lassen und im Zuge ihres primitiven Expansionsbedürfnisses wie einbrechende Barbarenhorden die alten Kulturen Europas und Asiens zu zerstören.

Pound hatte in Amerika nicht die geistige Atmosphäre vorgefunden, die ihn als Dichter inspirierte, und lebte daher vorwiegend in Europa, wo er sich mit der Politik Mussolinis und Hitlers identifizierte, nachdem er die wahren Strukturen der plutokratischen Oligarchie in den USA entlarvt hatte. Er hatte dann natürlich auch hart für seine Überzeugung zu büßen, als er nach Kriegsende im berüchtigten Militärgefängnis von Pisa unter die Fuchtel ungebildeter Sadisten geriet, die von Größe und Bedeutung dieses Genies keine Ahnung hatten. Erst nach 13jähriger Einkerkerung hatte das offizielle Amerika sein Mütchen an einem der bedeutendsten Amerikaner seiner Zeit gekühlt.

Während der englische Historiker Arnold Toynbee in Amerika eigentlich nichts mehr als den "Alptraum der Welt" erblicken konnte, äußerte sich während des Ersten Weltkrieges der österreichische Politiker Polzer-Hoditz über Amerika lakonisch: "Eine untergehende, dekadente Kultur kämpft ihren Todeskampf... Hat sie uns nicht auch schon durchseucht? In den Moden wird sie auf den Gassen herumgetragen, im Baustil ist sie verkörpert, in der Reklame grinst sie uns an, im Geschäftsleben treibt sie ihre Orgien, in Organisationswahn und Bürokratismus bläht sie sich auf, in einem verlogenen wichtigtuerischen Humanismus belügt sie sich selbst."

Rudolf Steiner konnte zur selben Zeit im Amerikanismus nichts anderes als das "absolut Böse" erblicken, das uns unserem "ursprünglichen, volksmäßigen Wirken" entfremdet. Die amerikanische "One-world-culture", so befand er, wäre nicht mehr oder weniger als ein "Weg des Todes". Im Sommer 1917 äußerte Rudolf Steiner bereits die Befürchtung, im Falle einer deutschen Niederlage würde auch Amerika sich nicht nur ausbeuterisch der europäischen Wirtschaft bemächtigen, sondern auch unsere Kultur bis zur Unkenntlichkeit auf ein niedrigeres Niveau herabdrücken. Der Gesamtzustand der Welt würde sich "im Sinne des Volksegoismus des Anglo-Amerikanertums" merklich verschlechtern. Der Bankier, der alle Probleme nur noch unter ökonomischen Aspekten zu sehen und zu werten imstande ist, würde damit zum Prototyp des modernen Menschen werden. Er würde auch trotz seiner Inkompetenz unser Geistesleben bestimmen und es den Zwängen des Geldes unterwerfen.

Nach der Niederlage des Reiches sprach Steiner von einer "großen Seelenlähmung", die Mitteleuropa befallen habe. Den Amerikanismus sah er schon damals auf dem besten Wege, eine blühende Kultur nach der anderen auszurotten und eine unerträgliche Monotonie und Uniformität über die ganze Welt auszubreiten. In dieser Hinsicht unterscheide sich der amerikanische Kapitalismus nur unwesentlich vom Sozialismus Moskauer Prägung.

Im Jahre 1928 erschien dann in Wilhelm Stapels Deutschem Volkstum unter dem vielsagenden Titel "Der Feind" ein Beitrag von Paul Ernst zum Thema Amerikanismus, mit dem sich die Deutschen damals höchst unliebsam konfrontiert sahen. Dem ungemein belesenen Dichter fiel es nicht schwer, zwingende Analogien zwischen dem alten Rom und dem bereits in die Dekadenz geratenen Amerika herauszufinden. Wie die wirtschaftlich expandierenden Amerikaner waren auch die Römer zur Zeit des Hellenismus vielen ihrer unterworfenen Kolonialvölkern an Bildung, vor allem aber auch an Vitalität unterlegen. Wie Rom die damalige Welt rings um das Mittelmeer aussaugte und schließlich zerstörte, so traten nun auch die Amerikaner als Promotoren der Zerstörung alter Kulturen in die Geschichte ein und verschafften sich damit einen traurigen Ruhm.

"Was für die alte Welt Rom war", faßte Paul Ernst seine nachdenkenswerten Betrachtungen zusammen, "das sind für die heutige Welt die Vereinigten Staaten von Amerika." Ernst spinnt diesen zentralen Gedanken sogar noch weiter und qualifiziert das verfaulende Rom als einen "Barbarenstaat von der Art des heutigen Amerika" ab.

Paul Ernst hielt mit seiner wahren Meinung über die amerikanische Allerweltskultur, die sich damals schon anschickte, die gesamte Welt zu verpesten, keineswegs hinterm Berg. "Sie erobert mit erschreckender Schnelligkeit Europa", glaubt er feststellen zu können. "Wenn wir Zeitungen und Zeitschriften aufschlagen, dann sehen wir den unmittelbaren Einfluß in Bildern und Geschichten. Wir sehen ihn in Mode und Geselligkeit, in der Art der Arbeit, im Geschäft, in der Politik. Und wenn man auf der Ebene, auf der diese Dinge vor sich gehen, überhaupt von geistigem Leben sprechen kann, so sehen wir ihn im gesamten geistigen Leben. Und zugleich ist Amerika seit dem Krieg Herr Europas geworden. Nur England ist noch nicht unterworfen; aber seine Unterwerfung wird nicht mehr lange auf sich warten lassen. Die Herrschaft wird ausgeübt in der heutigen Form der wirtschaftlichen Beherrschung und der Zinsknechtschaft."

Wenigstens Paul Ernst, dem die Kenntnis der zersetzenden Wirkung von Rundfunk und Fernsehen noch erspart blieb, machte sich schon damals keinerlei Illusionen über die katastrophalen Folgen des amerikanischen Einflusses gerade auf Deutschland, das nach einem verlorenen Krieg genügend Schwachstellen aufwies, durch die der mörderische Amerikanismus ungehemmt infiltrieren konnte. Er hielt Amerika für den eigentlichen "Feind" aller Kulturvölker, viel schlimmer als alles, "was uns etwa von unseren Feinden in Europa noch weiter drohen kann". Wenigstens für ihn war es eine abgemachte Sache, daß dieser unheimliche Feind, der nicht mit offenen Waffen zu kämpfen gewohnt war, sondern sich der perfiden Methode des Seelenmordes bediente, "nicht nur uns, sondern ganz Europa bedroht". Begreiflich, daß er den Stab über jene Deutschen bricht, "welche sich den dummen, ungebildeten und gemeinen Amerikanern unterordnen".

Das chinesische Volk hingegen, nach dem die Amerikaner damals auch ihre Polypenarme ausstreckten, widersetzte sich erfolgreich im Gefühl ihrer so viel älteren Kultur und ihrer geistigen Überlegenheit gegenüber diesen Emporkömmlingen aus der Neuen Welt dieser tödlichen Umarmung. "Es hat die tiefere Verachtung für die rohen Barbaren, als die es mit Recht die Amerikaner auffaßt", bemerkt der Dichter. "Mit den Waffen, die ihm geblieben sind, verteidigt es sich gegen sie. Ist denn in

154

Deutschland ein solcher Stolz nicht möglich?" Die gleiche penetrante Frage muß sich das heutige Deutschland unter noch viel extremeren Voraussetzungen gefallen lassen.

Um das ganze niederschmetternde Ausmaß der kulturellen Verwüstung des Abendlandes im Zeichen eines Amerikanertums, das allenthalben bösartige Metastasen bildet, zu begreifen, bediente sich Paul Ernst abermals der geschichtlichen Analogie:

"Das römische Volk hat die griechische Kultur verehrt in einem Maße, wie sonst nie ein Volk eine fremde Kultur verehrt hat. Trotzdem mußte es Griechenland vernichten und das griechische Volk ausrotten." Aus dieser hörenswerten geschichtlichen Erfahrung zieht Ernst den naheliegenden Schluß: "Nur eine einzige Möglichkeit eines aussichtsreichen Kampfes gegen die Gewalt dieses Vorganges gibt es: daß die europäischen Völker sich auf sich selbst besinnen."

Der Dichter wächst über sich selbst hinaus in die ehrwürdige Gestalt eines Propheten, der die Schatten einer keineswegs besonnten Zukunft heraufziehen sieht, und beschwört sein zaghaftes Volk, sich um nichts in der Welt widerstandslos der unterlegenen Zivilisation eines entgötterten Amerika zu unterwerfen.

Nichts findet er verabscheuungswürdiger als einen Menschen, der des Profites wegen sein Volk verrät, indem er sich ins Lager von dessen potentiellen Feinden begibt und sich von allen großen Kulturtraditionen lossagt. Mit wachsender Besorgnis hatte der Dichter, den es nach sozialistischen Anfängen ins konservative Lager verschlagen hatte, die kritische Entwicklung des

Weimarer Intermezzos mit seinen Kommentaren begleitet und sich dahingehend geäußert, daß er nichts Verwerflicheres kennt, "als wenn ein Deutscher in der Stunde höchster Gefahr nicht mehr für sein Volk eintritt". Sentenzen wie diese gehörten von Rechts wegen ins Stammbuch unserer Bonzen, die ihren Nationalmasochismus bis zum Exzeß betreiben und dennoch bisher nicht von ihrer Klientel zum Teufel gejagt worden sind.

Nicht weniger aktuell mutet schließlich das Fazit an, das Paul Ernst aus seinen Gedanken zum Thema unserer amerikanischen Unterwanderung zog: "Denken wir uns ein Deutschland, wie es zur Zeit Schillers und Goethes war, das in seiner tiefen politischen Erniedrigung Europa aufrief, in der furchtbaren Gefahr von heute – wäre es da nicht sofort der geistige Führer Europas? Wir sind im Krieg geschlagen, weil zehn Feinde gegen einen Deutschen waren. Aber das Schicksal der Welt wird durch die Ideen bestimmt. Das Volk, welches in Europa der Idee folgt, das wird alle anderen nach sich ziehen, das wird der Führer sein, wenn Europa, Asien und Amerika zum letzten entscheidenden Kampf rüsten."

Wie die schrecklichen Dinge sich in unseren Tagen zugespitzt haben, läßt sich sagen, daß wir nicht nur wirtschaftlich und politisch, sondern auch kulturell kolonialisiert wurden und, so daß wir darauf angewiesen sind, uns am eigenen Schopf aus dem moralischen Sumpf, in den wir durch unsere Indifferenz geschlittert sind, wieder herauszuziehen. Auf die Bundesbrüderschaft der Europäer, die umflorten Auges nur noch auf Brüssel starren, ist nicht zu setzen. Wir sind wahrscheinlich keineswegs schuldlos in die wohl prekärste Situation unserer Geschichte geraten, nachdem der Weltfeind Nummer eins, der Amerikanismus, uns zu anscheinend dauernder Mittelmäßigkeit auf allen Gebieten verurteilt hat. Unsere intellektuellen Kräfte reichen kaum noch aus, unser kulturelles Erbe überhaupt noch sinnvoll zu verwalten, geschweige denn es auf eine überzeugende Weise weiterzuführen und zu bereichern.

Man kann es drehen und wenden, wie man will, soviel steht jedenfalls fest: Ohne einen entscheidenden Kollaps der USA ist der deutsche Ausverkauf nicht mehr zu stoppen. Immerhin deuten alle vordergründigen Symptome wie die horrende Staatsverschuldung, die alle Weltrekorde schlägt, der rapide Dollarverfall, vor allem aber auch die aus dem Ruder laufende Gewaltkriminalität eindeutig auf das vorprogrammierte Ende des amerikanischen Jahrhunderts hin, ehe es noch richtig angelaufen ist. Dabei sind es keineswegs nur die europäischen Auguren, die das Ende der noch einzigen real existierenden Weltmacht auf dieser mißhandelten Erde signalisieren.

In diesen Tagen traf der Hopkins-Professor David Colleo aus gegebenem konkreten Anlaß die Feststellung: "Das Land ist auf dem Weg, der zu einem schmachvollen Ende führen wird." Der unersättliche Moloch USA, der seine Krakenarme über die gesamte Welt ausstrecken möchte, hat sich offenbar übernommen und seinen Appetit überschätzt. Das "auserwählte Volk", das "Israel unserer Zeit", wie es sich selber sah, hat einigen Glanz von seiner Auserwähltheit eingebüßt, und die rassisch homogenen Juden werden mit Sicherheit immer noch fest im Sattel sitzen und ihre Parforceritte in aller Welt vorführen, wenn die amerikanischen Helden längst müde geworden sind. Im Zeichen der vielgerühmten "Pax americana" wird diese Welt, soviel steht fest, nicht zur Ruhe kommen. Die "Edelauslese der Nationen" hat ihre liebe Not damit, die ins Exorbitante angewachsenen eigenen Probleme zu lösen. Alles deutet auf Niedergang und Auflösung hin. Die blühende Dekadenz, die die Amerikaner exemplarisch vorleben, ist längst keine Fiktion mehr. Sie hat unsere westliche Führungsmacht inzwischen unumkehrbar im Griff. Es ist an der Zeit, ungerührt Abschied von einem gewalttätigen Land zu nehmen. Die Produktion von Tränen wird sich aus diesem Anlaß in Grenzen halten.

Während man uns mit nie nachlassender Impertinenz die Errichtung einer multiethnischen Gesellschaft ans Herz legt, gehen jenseits des Ozeans bereits die Lichter des "Melting pot" Amerika aus. Die verschiedenen Rassen krempeln schon die Hemdsärmel hoch zum großen Kräftemessen mit blutigem Ausgang. Es sollte uns nicht ungerührt lassen, wenn demnächst hinter dem großen Teich die Völker aufeinanderschlagen. Nur sollten wir wenigstens im Hinterkopf schleunigst an prophylaktische Maßnahmen denken, ehe wir uns soviel Fremdlinge aus anderen Kulturkreisen ins Haus geholt haben, die vor demolierten Köpfen nicht zurückschrecken, vor allem wenn es sich um Köpfe von Deutschen handelt, die sie für nicht mehr ganz bei Trost halten. Es ist an der Zeit, daß sich der Mythos von Amerika als dem gelobten Land in lauter blauen Dunst auflöst, ehe es uns mit in den Strudel reißt.

Jüdischer Mißwirtschaft in den USA schreibt Oswald Spengler den Niedergang der USA zu. Er belegt mit guten Argumenten seine These, das Weltjudentum hätte seine nicht gerade auf integre Weise erworbenen Positionen durch einen Ausbruch von Besitzgier immer wieder zerstört und damit auch das Wirtsvolk mit in den Abgrund gerissen.

Nur ein ausgemachter Tor kann die Verfallssymptome der noch amtierenden Weltmacht Nummer eins für eine Fata morgana halten. Sie existieren, und man kann sie auch mit allen Tricks noch so gekonnter Public-Relations-Maßnahmen nicht aus der Welt zaubern. Die gesellschaftlichen Strukturen dieses Vielvölkerstaates brechen sichtbar auseinander, und der Staatsbankerott gehört nicht mehr in den Bereich eines vagen Wunschdenkens. Die Zahl der Diagnostiker, die dem Patienten Amerika einen schleichenden Kräfteverfall bescheinigen, steigt zusehends. Sie gehören in den Kreis der gebrannten Kinder, die das Feuer scheuen, aber in der unterkühlten sozialen Temperatur dieses extrem gewalttätigen Landes zu erfrieren drohen. Wer sich noch sträubt, sein verklärtes Amerikabild schleunigst zu retuschieren und einer gründlichen Revision zu unterziehen, wird bei weiterem Fortschreiten der blühenden Dekadenz demnächst den kürzeren ziehen, und es gibt keine Instanz, bei der er sich deswegen beschweren könnte. Die warnenden Stimmen waren nicht zu überhören, auch wenn für sie in deutschen Medien kein Platz war.

In zwölfter Stunde

Die Bundesdeutschen, noch einmal mit einem blauen Auge davongekommen, bildeten sich ein, das kleinere Übel erwischt zu haben, als sie 1945 dem neugegründeten Trizonesien zugeschlagen wurden. In diesem Stadium des schieren Überlebens nach einer Geschichtskatastrophe unvorstellbaren Ausmaßes war Anpassung die höchste Bürgertugend. Eben deshalb kopierte man die Invasoren fast zwanghaft. Man ahmte die amerikanischen Besatzer nicht nur nach, indem man sich in unkleidsame Jeans zwängte und lustlos auf Fast-Food herumkaute, leider übernahm man auch die defekte moralische Ausstattung der Amis. Man adaptierte ebenso unkritisch die Allüren der Amerikaner, die nach dem Aufstieg zur Weltmacht sich darin überschlugen, das amerikanische Jahrhundert einzuläuten und die Welt mit ihren abgestandenen und lebensfeindlichen demokratischen Segnungen zu beglücken.

Die Deutschen bewegten sich damals, noch ganz unter der Schockwirkung des totalen Krieges stehend, wie auf schwankendem Boden, unfähig, die Trauerarbeit zu leisten, die man ihnen zudiktierte. Sie krempelten vielmehr ohne viel Aufhebens die Hemdsärmel hoch und spuckten in die Hände, um ihre in Schutt und Asche gelegten Städte wieder aufzubauen. Man vollbrachte beim Wiederaufbau eines zerbombten und demontierten Landes wieder einmal wahre Wunder an Energie und wußte die Amis sehr wohl als Verbündete gegen die immer noch aggressiven Sowjets zu schätzen. Auf den naheliegenden

Gedanken, daß man sie gelegentlich auch einmal als Vortrupp im Kampf gegen die Russen gänzlich unsentimental verheizen könnte, verfielen die braven Deutschen, die nun ausgiebig mit sich selbst beschäftigt waren, keinen Augenblick.

Nachdem der eigentliche Sieger dieses Völkermordens, Amerika, uns zunächst die Arroganz der Macht vorführte und uns die kalte Schulter zeigte, signalisierte man im Verlauf des Kalten Krieges sogar so etwas wie Fraternisierung. Man suggerierte den Besiegten, sie hätten die Chance, ihre nie verjährende Schuld abzutragen, wenn sie in den imperialistischen Kriegen der Amis mit einer eigenen Armee Federn lassen würden. Schließlich war man da angelangt, wohin man partout nicht wollte, nämlich bei einem beschränkten Untertanenverstand, den diesmal unsere problematischen Freunde von Übersee ausschlachteten.

In der Rage des dynamischen Wiederaufbaus eines Landes verbrannter Erde versäumte man keineswegs, den Amerikanern die Methoden abzugucken, wie man sich gänzlich unsentimental auf die Sonnenseite des Lebens lancieren konnte, nachdem man solange einen wenig rentablen Heroismus hatte mimen müssen. Soviel stand jedenfalls von vornherein für uns fest: angesichts unserer legendären Tüchtigkeit würden wir uns in kurzer Zeit schon, wenn man uns nur gewähren ließ, an die Spitze der führenden Industrienationen vorrobben. Man zeigte sich kaltblütig entschlossen, den Amerikanern die Methode ihres Haifischkapitalismus abzusehen und Deutschland in eine Ellenbogengesellschaft zu verwandeln, in der mit dem Recht des Stärkeren ein rücksichtsloser Sozialdarwinismus wahre Triumphe feiern würde. Und wirklich: Man erhob sich wie ein Phönix aus der Asche der Trümmerstätten, die der Krieg hinterlassen hatte, und zeigte sich bereit, skrupellos alle materiellen Chancen auszukosten und den Rest des Lebens in einem potentiellen Schlaraffenland zu verbringen.

Die Deutschen investierten noch einmal trotz des immensen Substanzverlustes eine staunenswerte Vitalität und die unverbrauchten Reserven eines offenbar noch jungen Volkes in einen abenteuerlichen Wiederaufbau, der in einem veritablen Wirtschaftswunder gipfelte. Statt des naheliegenden, aber zugegeben mühsameren Weges nach innen, wie man es von einem Volk der Dichter und Denker hätte vermuten können, um gegebenenfalls in Armut wenigstens sein Menschentum zu retten, schlug man den breiten und bequemeren Weg zu optimalem Reichtum ein, der für die Deutschen schon oft eine kaum zu bewältigende Versuchung bedeutet hatte.

Man überschlug sich also stehenden Fußes darin, die Idee einer Volksgemeinschaft, der das Dritte Reich seinen rasanten Aufstieg zu verdanken hatte, durch den von den US-Besatzern importierten Pragmatismus ausgepichter Lebenspraktiker zu ersetzen. Wenn bis dahin der Gemeinnutz vor der schieren Egozentrik von Kapitalisten rangiert hatte, so versuchte man es nun schleunigst einmal andersherum und steigerte seine kapitalistischen Anwandlungen bis zum Exzeß. Was uns diese neue Philosophie des vulgärsten Materialismus mit den Jahren eingebrockt hat, beweist die desolate Verfassung dieser Republik, die dem Geist niemals eine Chance ließ, und in der vollgefressene Pfeffersäcke immer dann einen unerwarteten Einfallsreichtum an den Tag legten, wenn es darum ging, andere listenreich aufs Kreuz zu legen.

Gewiß, unsere diversen Wirtschaftswunder trugen uns alles andere als die ungeteilte Sympathie der Umwelt ein. Daß die Deutschen wieder einmal das große Geld machten, war im prästabilisierten Weltbild unserer Bezwinger natürlich nicht vorgesehen. Aber immerhin brauchte man sie als Handelspartner, und so drückte man auch schon einmal jovial ein Auge zu. Außerdem hatte man ja seine Truppenkontingente auf deutschem Boden stehen, die jederzeit die Notbremse ziehen konnten, sollte ihnen die deutsche Hybris über die Hutschnur gehen. Natürlich gönnte man uns wie eh und je nicht das Schwarze unter dem Nagel und ließ sich schon einiges einfallen, um die Germanophobie in aller Welt zumindest auf kleiner Flamme zu halten.

Gewiß hatten wir dem auf uns losgelassenen Kapitalismus dieses fragwürdige Glück einer Prosperität zu verdanken, doch ist schon etwas Wahres daran, wenn der russische Reformer Alexander Herzen diesen Haifischkapitalismus, der auch über Leichen geht, den "syphilitischen Schanker der westlichen Gesellschaft" zu nennen pflegte. In dieser Hinsicht zumindest steht uns das dicke Ende erst noch ins Haus. Heute läßt sich schon sagen, daß wir uns im Talmiglanz unseres Reichtums tief unter unser Niveau verkauft und als eine der führenden Kulturnationen ausgespielt haben.

Man mache sich nichts weis: In unserem "Little America" steckt der Wurm und treibt sein unheimliches Wesen, auch wenn es die Satrapen in Bonn und ihre Hilfs-

164

völker in den Journalen nicht wahrhaben möchten. Fast jeden Tag verwandelt sich unser altes, braves Deutschland mehr in eine amerikanische Provinz, in der der Teufel los ist, als wollte er die letzten Patrioten, die Deutschland noch die Treue halten, dazu überreden, ihr Heil in der Emigration zu suchen. Vielen wird es im eigenen Land kaum anders ergehen als Thomas Mann, den es nach Kriegsende amerikamüde nach Europa zog, weil ihm unter lauter geschichtslosen Cowboys nicht nur die Luft zum Durchatmen, sondern auch zur schöpferischen Arbeit fehlte.

Seitdem die Deutschen sich auf die abenteuerliche Herausforderung eingelassen haben und dem Materialismus ihren Kotau machen, kann man einfach nicht daran vorbeireden, daß sie moralisch auf den Hund gekommen sind. Die Reste ihres Idealismus haben sich in lauter Luft aufgelöst. Obwohl sie sich nicht eben ungeschickt schon ein halbes Jahrhundert als Opportunisten betätigen und materiell nicht eben schlecht dabei gefahren sind, hat die Geschichte bisher noch ein Nachsehen mit ihnen gehabt und ihnen die sogenannte Wiedervereinigung zugespielt, die sie im Grunde eigentlich gar nicht mehr haben wollten, und die das Establishment längst als fatale Lebenslüge abgeschrieben hatte, um nicht in seiner Ruhe gestört zu werden. Aber wenn sie sich einmal kollektiv vor einen scharf zeichnenden Spiegel trauen würden, käme es ihnen vielleicht zum Bewußtsein, daß es sich dabei inzwischen um eine eunuchenhafte Nation von lauter gramgebeugten Büßern handelt, die in Sack und Asche durch die Weltgeschichte latschen und eine aufreizende Gleichgültigkeit an den Tag legen, wenn es sich um das Schicksal ihres Vaterlandes handelt, dessen pures Überleben heute zur Debatte steht. Die antideutschen Geschichtsklitterungen, mit denen sie Tag für Tag berieselt wurden, haben gegriffen und ihre Spuren hinterlassen. Man hat uns, um es kurz zu sagen, das letzte Mark aus den morschen Knochen gesogen.

Immerhin: Wir Schrumpfdeutschen sind zwar nach dem Krieg nicht nach den Vorstellungen der Psychopathen Morgenthau und Kaufman durch den Fleischwolf gedreht worden. Man hat unser Land auch nicht auf die Statur eines Agrar- oder Bananenstaates zurückgestutzt, weil die Amis uns als Geschäftspartner und Kanonenfutter dringend benötigten. Man strich auch nicht dieses Land in einem einzigen Gewaltstreich von der Landkarte und schuf damit eine gemeinsame polnisch-französische Landesgrenze, wie es den stets einfallsreichen amerikanischen Juden in den Kram gepaßt hätte. Wir leben erstaunlicherweise immer noch und haben sogar Grund zu der Meinung, daß die Geschichte mit uns noch etwas im Sinn hat. Im Schatten unseres großen Bruders mümmelten wir in unseren Fernsehsesseln gemütlich vor uns hin. Erst neuestens beginnt man daran zu zweifeln, ob in einer solchen Friedensepoche der nicht geforderte Mensch nicht doch langsam verkümmert.

Jedenfalls haben sich die Kriegsschauplätze unmerklich ins Innere des Menschen verlagert, und was sich dort abspielt, geht offenbar niemand etwas an. Das Ergebnis entsprechender Analysen gehört bereits in den Bereich der klinischen Psychiatrie. Aber immerhin wird man doch wohl behaupten können, daß die Pluspunkte an Sympathie, die sich die Amis durch Care-Pakete,

166

Marshall-Plan und Luftbrücke einsammeln konnten, längst wieder von ihnen verspielt sind. Zieht man die Bilanz der amerikanisch-deutschen Beziehungen, so bleibt auf jeden Fall ein "Rest zu tragen peinlich".

Da wir nicht mehr über einen Funken von Nationalgefühl verfügen, können wir ungerührt Deserteure glorifizieren und unsere Gefallenen als Mörder in den Orkus verdammen. Nicht einmal bei dem Gedanken, daß Eisenhower noch nach Kriegsende fast eine Million deutscher Landser in rheinischen Gefangenenlagern unter freiem Himmel ungerührt verrecken ließ und damit das wahrscheinlich ungeheuerste Kriegsverbrechen beging, versetzt uns in Rage. Menschliche Fairneß, so heißt es, verbietet es, Kriegsverbrechen gegeneinander aufzurechnen. Daß die Sünden der Deutschen dabei eine unrühmliche Ausnahme machen, haben wir unserer eher dümmlichen Großmut zu verdanken, die schon längst keine Tugend mehr ist. Als derselbe Deutschenhasser Eisenhower nur einige Jahre später als Präsident der USA die Bundesrepublik besuchte, konnte er kaum begreifen, was für seltsame Zeitgenossen die Deutschen doch waren, die ihn frenetisch bejubelten, wo er auch auftauchte, und darüber hinwegsahen, daß das Blut von unzähligen deutschen Soldaten an seinen Händen klebte. So wenig Korpsgeist und nationale Würde hatte er ihnen dann doch nicht zugetraut.

Damals hatten wir im Zuge eines rasanten Wirtschaftswachstums allerdings unsere Vergangenheit bereits ausgelöscht. Nur die emsigen Juden in aller Welt rieben uns unsere nie verjährende Schuld mit nie nachlassender Penetranz unter die Nase. Aber selbst das brachte uns nicht aus unserer Contenance. Wir spielten das infame Spiel nationaler Demütigung mit beneidenswertem Talent mit, ohne daß es uns zum Halse heraushing, und eben dieses aufreizende Verhalten war auch wieder nicht so recht im Sinne unserer Umerzieher. Wir scherten uns vor allem um unsere Handelsbilanzen, an denen sich das Herz der Deutschen erwärmen konnte, mochten die anderen über uns denken, was sie wollten.

Wir mischten ferner tüchtig beim Run auf den Dollar mit, und es rührte uns wenig, wenn man die deutschen Musentempel in vollklimatisierte Maschinenhallen, Warenhäuser oder Supermärkte verwandelte. Unsere Welt war damit zwar nicht schöner, aber reicher geworden, und mehr hatten wir eigentlich nicht im Sinn. Alle höheren Ambitionen waren mit einem Schlage wie weggeblasen. Man lebte in diesem Klein-Amerika wie in einem Schlaraffenland, in dem lauter blanke Dollars vom Himmel auf uns herabregneten und dessen gute Geister es anscheinend so gut mit uns meinten, daß sie uns vor jeder existentiellen Herausforderung bewahrten.

Inzwischen ist die Nachkriegsära, wie man uns versichert, abgeschlossen worden. Wir sind wieder jemand, der sich sehen lassen kann. Wir lassen uns auch nicht lumpen und jetten um die ganze Welt. Wo etwas Spektakuläres passiert, was einiger Schlagzeilen wert ist, immer ist ein Deutscher dabei und hat seine Finger mit im Spiel. In Ermangelung geistiger Engagements hat uns ein moderner Nomadismus gepackt, der uns in Ermangelung einer echten Heimathaftung in eine allerdings unschöpferische Unruhe versetzt. Seit der sogenannten Wiedervereinigung und der Eingliederung Mitteldeutschlands in diese morbide Bundesrepublik, so versichert man uns wenigstens, haben wir endlich die wohlverdiente Souveränität erlangt. Geändert hat sich allerdings nichts. Der Kolonialstatus ist uns erhalten geblieben, und unsere westlichen Freunde denken nicht im Traum daran, ihre Besatzungstruppen heimzuholen. Sie werden ihre obskuren Gründe dafür haben. Offenbar gelten wir immer noch als unsichere Kandidaten, obwohl die verfluchten Rechten, wie man hört, im Aussterben begriffen sind, nachdem man auf sie zur Hatz geblasen hat. Nicht einmal die Feindstaatenklausel hat man in einem Akt des guten Willens aus dem Verkehr gezogen. Sollten wir einmal nicht so parieren, wie man es von uns erwartet, und gehörig wider den Stachel löcken, könnte bei uns die Hölle losbrechen und unsere Freunde über Nacht ihr Gesicht verlieren. Wenn wir erst in einem europäischen Bundesstaat auf- und untergehen werden und unsere harte Mark aufgeweicht ist, werden wir ein wenig verdutzt aus der Wäsche gucken. Sonst wird kaum etwas Spektakuläres geschehen.

Nach der Wiedervereinigung, die unserer Regierung wie eine reife Frucht in den Schoß fiel, wurden die nationalen Emotionen, die Deutsche hüben und drüben für eine geschichtliche Traumminute durchaus empfanden, wie ein Buschfeuer, das sich um Gottes Willen nicht ausbreiten durfte, von den Bonner Lakaien niedergetreten. Die antideutsche Propaganda schoß sich mit stärkeren Kalibern in aller Welt auf uns ein, so daß uns die Brocken nur so um die Ohren flogen. Aber Bonn verhielt sich wieder einmal wie die drei chinesischen Affen: es sah nichts, hörte nichts und sagte kein Sterbenswörtchen zu diesem Affentheater.

Man könnte auch nicht sagen, daß angesichts immer neuer Unfreundlichkeiten des großen Bruders unser Amerika-Enthusiasmus kalte Füße bekommen hätte. Generell kann von einer expandierenden Amerika-Skepsis kaum die Rede sein Die unappetitlichen Tatarennachrichten aus "Gottes eigenem Land", die zu uns herüberwehen, sind weiß Gott nicht unbedingt von solcher Qualität, daß wir unbedingt unsere Lust und unser Wohlgefallen daran haben könnten. Der Mythos von den weißen Göttern ist zerplatzt. Inzwischen weiß man sogar, daß alles, was Amerika an Schrecklichem ausbrütet, auch uns in absehbarer Zeit erreichen wird. In vielem, was wir nicht gerade zu unseren neuen Errungenschaften rechnen würden, haben wir als gelehrige Adepten unserer amerikanischen Lehrmeister bereits eingeholt oder sogar überrundet. Technik, Wirtschaft, Forschung und Sport sind längst keine Domänen mehr, für die unsere amerikanischen Freunde ein Monopol für sich beanspruchen könnten.

Man hat auch schon den verflixten Eindruck, die Ideologie des "Big business" hätte an Faszination und Überredungskraft erheblich eingebüßt. Nachdem zwei unserer ominösen Weltkriegsgegner, England und Rußland, bereits ihren Rückzug von der weltpolitischen Rampe angetreten haben, bekommt Amerika nun auch weiche Knie. Man möchte ihm im Interesse des Weltfriedens gönnen, daß es nun auch seine wohlverdiente Ruhe finden und ein wenig Ordnung vor und hinter der eigenen Haustür schaffen würde.

Nachdem sich das englische Empire in seine Urbestandteile aufgelöst hat und die Sowjetunion eines überraschend plötzlichen Todes starb, leben die USA nur noch von vergangener Macht und Herrlichkeit. Man posiert in Washington noch recht und schlecht eine angemaßte Omnipotenz, aber man braucht nicht in die Haut eines Propheten zu kriechen, um den Yankees ein Ende mit Schrecken, zumindest aber den Staatsbankerott vorherzusagen. Nur wegen des genaueren Zeitpunktes dieses "Crash" kann man geteilter Meinung sein. Analog dazu wird sich auch bei uns die politische Landschaft fundamental verändern. Von den drei "staatstragenden" Parteien haben zwei, die FDP und die SPD, schon von ihrem Thron heruntersteigen müssen, und wenn Kohl weg vom Fenster ist, fällt auch sein Laden auseinander, darauf kann man Gift nehmen. Den Kirchen und Gewerkschaften laufen ebenfalls die Mitglieder davon. Wer es noch nicht mitgekriegt hat: Es geht eine nationale Bewegung durchs Volk, die sich eines Tages artikulieren wird. Aber mit der Macht der "großen Drei" ist es aus und vorbei. Der Himmel ist der letzte, der sie jemals wieder zu neuem Leben erwecken würde. Europaduselei, Multikulti-Besoffenheit und ein sturer Internationalismus haben ihnen das Genick gebrochen.

Der nationale Gedanke, der um die Welt geht und das schreckliche Erbe des Liberalismus antreten wird, zeigt auch in der Bundesrepublik bereits Wirkung. Ihm gehört die Zukunft. Wir werden uns wiedersprechen. Der vulgäre Materialismus made in USA ist eben doch nicht das letzte Wort, das uns Deutsche begeistern könnte. Wir sind offenbar anspruchsvoller, weil wir in der Eiseskälte des amerikanischen Pragmatismus auf die Dauer ersticken würden. Die abgeklapperten Denkschablonen der Amis greifen eben viel zu kurz. Man wird einsehen, daß Geld und Besitz zwar eine Zeitlang die Welt in Atem halten kann, auf die Dauer jedoch nicht.

Zahlreiche kritische Bücher über das Land der grenzenlosen Unzumutbarkeiten haben inzwischen den oberflächlichen Amerikakult gehörig angenagt. Man beginnt, das legendäre Amerika mit einer realistischeren Optik zu sehen und sich aufgrund neuer Erkenntnisse von ihm abzunabeln, ehe noch größerer Schaden passieren kann und wir als amerikanische Provinz eben als Industriestandort Deutschland aus der Geschichte ausscheren. Wer sich in einer solchen Situation immer noch ziert, den zugegeben unpopulären Wahrheiten über Amerika ins Auge zu sehen, wird von der Geschichte zu Recht bestraft werden. Diese Binsenwahrheit sollten sich die Traumtänzer unserer überdotierten politischen Klasse einmal gehörig hinter die Ohren schreiben.

Joachim Fernaus zwar amüsant zu lesende, aber darum nicht weniger informative Geschichte der USA, die 1977 unter dem bündigen Titel "Hallelujah" erschien, stach vielen der noch gläubigen Amerika-Fans den Star. Man begann ein anderes Amerika zu entdecken, ein geradezu kannibalisches Land, dessen Scheußlichkeiten man uns bis dahin vorenthalten hatte. Hier nun war ein Autor, der ausgiebig mit Weisheit und Intuition gesegnet war, am selig-unseligen Werk, auch die letzten Hintergründe einer extrem inhumanen Geschichte bis in die letzten Winkel auszuleuchten. Was dabei ans Tageslicht trat, stellt dem Menschen im Menschen nicht gerade das beste Zeugnis aus.

Das Resümee der 21 bluttriefenden Kapitel des Fernau-Buches läuft nicht auf eine Liebeserklärung an die Yankees hinaus, deren Geschichte sich wie ein Grusical vor uns abspult. Man muß sich Seite an Seite durch dieses nicht alltägliche Buch vorgearbeitet haben, um sich wie nach einem Horrortrip den kalten Schweiß von der Stirn zu wischen.

"1945 waren wir Wachs in ihren Händen", so heißt es da etwa im augenöffnenden Epilog. "Heute sind wir ihr williger Schatten geworden. Die Zivilisation, sagen sie, kann man nicht zurückschreiben. Nein? Nun, dann seht zu, wie ihr damit fertig werdet, aber fragt mich nicht. Bin ich ein Quacksalber, den man befragt, wenn die Ärzte versagen? Habt nur Vertrauen, ihr Martinsgänse, vertraut den Blinden. Sie führen euch gut!

Was wollen wir auch retten? Was wollen wir bewahren? Unser Vaterland? Was ist das? Die Erde? Die Städte? Die Banken? Die Atommeiler? Die Supermärkte? Die Partei? Was ist des Deutschen Vaterland? Wo ist es hingekommen? Es war doch einmal da. Wo ist es nur geblieben?

Ach, meine verratenen Freunde, ich glaube, es war unsere Seele, die sie zerstört haben. Die glücklichen anderen, die noch eine Seele haben dürfen. Wir dürfen nicht; denn Amerika hat keine. Wir sollen lachen, wenn jemand von Seele spricht."

Nein, eine Nation, "der alles gelingt, die Moral, die Qualität des Menschen auf fast der gesamten Erdoberfläche in die Tiefe stürzen zu lassen, das hat es noch nicht gegeben", äußerte sich gelegentlich der französische Dichter Montherlant. Joachim Fernaus Verdikt über die USA fällt kaum weniger grausam aus. "Verliert kein Mitleid", heißt es bei ihm. "Ich sage: Haßt! Haßt, was da über uns kommt! Wenn ich das sage, mache ich nicht in Wahrheit Platz für die Liebe?

Kann nicht auch Gott nur annehmen, indem er zugleich verwirft? Verdammt er nicht um der Liebe willen? Ja, wer liebt, muß zugleich verwerfen. Deshalb, aus Liebe zu dem, wonach wir hungern und was man kaputtgemacht hat, deshalb sage ich: Haßt! Die Liebe ist machtlos geworden. Dort drüben, jenseits des Ozeans, steht der Schuldige!"